孫效智 等著

打開生命的
16封信

給自己一份成長的禮物

life

目次

人生若白駒過隙何以安頓

臺灣大學校長　**李嗣涔**

　　年輕人身強體健，有著揮霍不完的精力和時間，總以為「生、老、病、死」與己無關，也是遙遠的事。

　　然而，黃泉路上無老少，一場天災人禍就可以完全改變一個人乃至一個家庭的命運。過去十年921大地震、88水災兩次重創台灣，許多家庭一夕間家破人亡，甚至全村活埋。這些血淋淋的事實讓安居樂業的我們，著著實實上了一堂生命教育的課程：原來人的身家性命是如此脆弱，面對自然，是如此渺小！老天爺不見得按照「壽終正寢」的劇本演出，人生無常的事實教我們明白，不但人人會死，而且隨時都可以死。那麼，我們究竟「為何而活？應該如何生活？又如何能活出應活出的生命？」

　　很多時候，我們會說：「千金難買早知道」。對於人生中必修且無法重來的「生命學分」，如果我們能早一點知道，早一點加以探究，不是比較能做出充足的準備，而活出生死無憾的精彩人生嗎？

如果年輕人能提早探索生命真相，想清楚人生的意義與價值，從而能多做一些自己不會後悔的事，甚至是饒益自己、也造福大家的事，這不是很好嗎？

基於這樣的信念，本校生命教育研發育成中心與台灣生命教育學會兩個單位共同與聯經出版公司合作，規劃出版「生命教育講堂」系列書籍，以淺顯豐富的內容，打造一套以青年為對象的好書。本人樂觀其成，並予以深切的祝福！

《打開生命的 16 封信》為此系列的第一本，以生命教育三大領域「人生與宗教的省思」、「生命實踐的省思」、「人格統整與靈性發展」為主軸，區分為七個議題，用書信的方式，介紹生命教育的理念。孫效智教授寫導言，闡述「人生三問」，為全書的總綱，亦為探索生命課題的最基本提問。繼而由 2 位高中校長與 14 位生命教育教師撰寫各單元：人能不能找到人生的意義？要怎麼找？人需要宗教嗎？怎麼樣才不迷信？人都會死，但能否超克死亡（不是長生不死）？怎樣的人可以「善終」？想愛又怕受傷害，怎麼樣的愛才是真愛？性與愛的關係如何？你要不要結婚？為什麼要道德？做好人，難嗎？多元化的現代還要普遍的價值觀嗎？科技能解決生、老、病、死的問題嗎？可以增進幸福而沒有副作用？科技該不該受道德規範呢？人要怎樣才能達到內有統整的自我，外有知行的合一？ 16 封信分別談論這些問題，不是要給滿意的答案，而是要引起動機，提醒年輕人什麼是人生道路上應該

思維、探究的問題。

　　寫作的老師們都是生命教育的第一線老師，長期與年輕人接觸，了解新世代人們的心態與需求，因此能將生硬抽象的理論轉化爲說理不說教的內容，並藉著有趣的故事、生活中的省思來切入青年的經驗，貼近他們的生活，從而激發大家省思生命課題的興趣，提升生命的智慧。

　　這樣一本深入淺出、探究生命意義、尋求心靈安頓的好書，值得大家一讀，我鄭重推薦給各位。

導言

人生三問

臺灣大學哲學系教授兼主任
臺灣大學生命教育研發育成中心主任　　孫效智
社團法人台灣生命教育學會理事長

　　人作為萬物之靈，不論富貴貧窮或疾病健康，也不論在社會上扮演什麼樣的角色，達官貴人也好，販夫走卒也罷，只要會思考，就總會在某些時候想起或甚至可能必須面對人生的三個根本問題：我為什麼而活？應如何生活？又如何才能活出應活出的生命？這三個問題稱為「人生三問」，是三個各自獨立，但卻彼此環環相扣、密切相關的問題。人生三問雖然重要，不過，整個社會文化的氛圍，卻彷彿它們不存在似的。大部分人在平順日子中也不容易想起它們來，除非命運的打擊突然造訪，人才有可能從似真實虛的現實世界中，猛地驚醒……。

　　在這篇文章裡面，我願意跟你們分享的，正是我自己思考人生三問的一些生命經驗與反省。

人為何而活？

我自己開始思考「人為何而活」這個問題，大概是在國中階段。

國中時期的我其實還蠻幼稚的，在大人所設定的青少年世界裡，我的生活與其他小孩其實沒有什麼太大的不同。除了玩耍、看電視之外，主要還是圍繞著讀書與考試。不過，我有一個很重要的特質，那就是喜歡發掘問題並樂於追根究柢。這個特質使得我在讀書方面的表現自然就不會太差。在當時，無論學習什麼科目，我所擔心的都不是遇到問題，而是問題不能解決。當問題無法解決的時候，我會纏著老師、同學不放，直到問題不再是問題為止。記得鄰居有一位讀高中的大哥哥，也是我經常騷擾的對象。在印象中，我每天總會有幾個數學或理化問題弄不懂而必須去請教他。他是個很有耐心的人，使得我不怕一而再、再而三地去麻煩他。

數理問題有大哥哥可以問，但其他問題呢？最困惑我的大概就是人生問題吧。當別的小孩還在打打鬧鬧的時候，我已經開始為「我是誰」這樣的問題感到迷惑與驚訝。是的，我是誰？從哪裡來？又要往哪裡去？我為什麼是我，而不是別人？也因此，學校裡談到人生問題的部分，都讓我特別感到有興趣。不過，很快地，我就發覺學校真正重視的東西跟課本裡所講的人生觀似乎有很大的出入。書本裡面談「為天

地立心，爲生民立命」，但學校好像更在乎考上建中與北一女的人數。國父說：「人生以服務爲目的」，但整個學校的氛圍讓人感覺活著好像不是爲了別的，而只是爲了考上好學校，至於考上好學校的目的也與服務無關，而只是爲了將來能有好出路、賺大錢。我記得有一次談到胡適之先生的一句話：「人生貴適志」，意思是說，每個人應按照自己的志向與獨特的氣質來選擇人生的方向，而不應盲從流行或熱門。沒有想到，老師關心的不是這句話背後值得討論的問題，例如：如何發掘自己的志向？爲什麼跟著自己的志向走就是好的？而是學生是否能把這句話背下來，特別是要記得它的作者，因爲，記不記得某句話是某個人說的，就能使你在聯考時差個兩三分，而從建中落到附中，或從中山跳到北一女。

　　學校的現實與書本理想的差異，讓我感到困惑。一方面我覺得學校缺乏理想性，另一方面我也懷疑，與現實太過脫節的理想究竟還算不算是一種理想？更何況，在理論上，課本中的理想也不無可以質疑的地方，例如國父的服務人生觀以及先總統蔣中正的類似話語：「生命的意義在於創造宇宙繼起之生命，生活的目的在於增進人類全體之生活。」

　　國父的話很簡單，簡單得讓人不禁懷疑，人生是不是被說得太容易了？人每天都要吃喝拉撒睡，人的生活有一大部分是爲了自己的生存與生活而不斷奮鬥，人生的真實面貌似乎更像「人不爲己，天誅地滅」這句話所描述的，那麼，國

父憑什麼又為什麼能說人生以服務為目的呢？為己與服務的人生觀是那樣的不同，甚至是背道而馳的，前者追求己利，後者捨己為人。究竟哪一樣才更該是人生追求的方向？抑或兩者之間並非如表象般對立，反倒是將它們對立起來才是一種迷思？換言之，捨與得之間具有一種弔詭性，有捨才能有得，大捨更能大得，在利他服務當中，人才能完成自我生命最極致的價值？無論如何，這些問題如果不能思考清楚，人是很難超越人性追求己利的表象，而在內心深處建立起服務的人生觀的。

先總統蔣中正的話後半部接近國父服務的人生觀，因此，沒有什麼新的疑惑，至於前半部，就難以理解了。什麼叫做「生命的意義在於創造宇宙繼起之生命」？如果「創造宇宙繼起之生命」就是「生育」的意思，那麼，先總統的話豈不就是說：「生命的意義在於生育」？問題是，生育儘管重要，但似乎並不能涵蓋生命的全部意義，那麼，我們又該如何理解生命的意義呢？有什麼東西能窮盡生命的意義呢？總之，先人的格言並不能給我真正的解答，倒是引起了更深的疑惑。不過，這樣的疑惑是好的，它引領人在生命的大海裡向前航行，在黑暗中尋找光明。沒有這樣的疑惑，人就會只像動物一般，按照生存的本能，沒有方向、沒有目標、醉生夢死的活著。

我對人生問題好奇的另一個背景是我從小就在教堂裡長

大。因著媽媽的鼓勵，我每週都會與弟妹一起，跟著德來會的修女到桃園成功路的天主堂聽道理、望彌撒。我蠻喜歡去教堂的，除了有吃又有玩之外，教堂裡的氣氛與所宣講的內容很能撫平人內在各種無名的不安。

我很快也發現，教堂裡講的人生觀與學校課本裡的偉人話語有很多相似的地方，但也有不少的差異。最大的差異就是神跑出來了，人生的意義或目的多了一個神的向度，亦即人與神的關係。天主教《要理問答》裡提到，人生的目的就是榮耀神，救自己的靈魂；也說，人生最重要而且也最該做的事情就是上愛天主，下愛近人。這些話很奇妙，它們不但用「愛」來詮釋人生的意義，這點與前面提到的「服務」或「增進人類的生活」有著異曲同工之妙，而且也將人生的目的與上帝扣連在一起。問題是，什麼是愛天主、榮耀神呢？《聖經》裡提到：「誰愛那最小的兄弟，誰就是愛我」，「如果一個人連看得見的人都不愛，又如何能侈言愛上帝呢？」在這些話語裡，剛剛提出的問題似乎有了答案，愛上帝要從愛人開始談起與做起。不過，這還是不能答覆我內心所有的疑惑，因為，最根本的問題是，神是看不見、摸不著的，怎知道有神？而即使有神，又怎麼知道宗教經典所啓示的是神的話語，而不是人的杜撰？

無論如何，上了國中的我，對於小時候在教堂裡所學的許多東西已不再那麼理所當然的接受，我心中對於人生、對

於信仰產生許多疑惑，這些疑惑鐫刻了我在成長時期的苦澀經驗。記得有一次，我問本堂神父：「《要理問答》裡說：『天主爲了愛人而造人。』這句話是不是有問題？還不存在的東西祂如何能先去愛，然後還因爲這愛而將之創造出來？」又有一回我也跟神父說：「《聖經》是不是錯了？光是四部福音之間的人事地物時，就有那麼多的矛盾⋯⋯」還好，我的本堂神父是一個很有智慧的長者，他當時很溫和地對我說：「效智，你是不是換個說法，不要說《聖經》錯了或有問題，而說你還不能懂。你想想看，天地如此浩瀚無邊，我們兩個小小的人兒站在這裡，往上往下皆是個無限，在兩個無限中間那麼有限的我們，如何能那麼簡單地就去說《聖經》有問題呢？」當時我並不懂他的回答，不過，我很喜歡他的回答裡面包含的謙卑與溫和，這也奠定了我往後數十年追尋人生目標與信仰的基本態度。

回到「人爲何而活」這個問題，它要探討的不是人們「事實上」以什麼事物爲人生的目的或意義，而是人們「應該」以什麼爲人生目的或意義。前者是一種實然問題，實然問題是社會學家或心理學家所關懷的對象，不是我所說的「人生三問」所關切的重點。人生三問中第一問所關切的問題是一個嚴肅的應然問題或哲學問題，也就是什麼樣的目的或意義才具有一種終極性或究竟性，值得人生死以之，死而後已？又是什麼樣的價值才具有一種雋永的超越性，而不致如夢幻泡影，轉頭成空？

　　有人也許會說，生命是每一個人自己的，每一個人的人生也是自己要過，因此，論到生命的目的或意義，沒有什麼應該不應該的問題。而且，即使要論應該，也應該是每一個人自己去決定自己的人生應該追求什麼樣的目標或實現怎麼樣的意義。這個看法從某方面來說是沒錯的，每一個人要追求什麼樣的生命目的或意義，當然是每一個人自己可以決定的事，也應該由每一個人自己去決定，這正是人之所以為人的尊貴與莊嚴之所在，也是人作為自由理性之主體的真諦。問題是，每一個人有權利選擇自己的人生目標並不等於任何選擇都是好的，否則西方人自希臘哲學以來也就不必那麼在意何謂「幸福」的探討，而中國儒家也不必在乎大學之道通往的「至善」是什麼。而且，由於人性的普同性，什麼樣的目標或意義具有前面提到的終極性、究竟性、雋永性或超越性，是具有某種普遍內涵的，不容人任意扭曲或忽視。扭曲或忽視的結果就會如同羅貫中的《三國演義》或托爾斯泰的《伊凡‧伊里奇之死》所描述的，無論是非成敗、榮華富貴，到頭一場空。

　　「人為何而活」這個問題從提出到答覆都不簡單。以提出來說，人雖貴為萬物之靈，但要提出這樣的問題，還需要很多條件的配合才可能。首先，一個人得有清明朗照的自覺與觀照能力，而且得不斷地去擴充這樣的能力，否則就很容易像羅家倫在《新人生觀》一書中所說的糊塗蟲那樣，一輩子醉生夢死、庸庸碌碌，無法對自己或整體的存在產生疑惑，

並發出驚嘆。當然，人畢竟是一種靈性的存在，意義問題總會在某個時候襲上心頭，例如某個午夜夢迴、空蕩孤寂的片刻；或者，發生某種變故，好比失去所愛的時候。然而，如果個人客觀所處的社會是醉生夢死的；是小人群聚終日，言不及義的；是除了飲食男女、股票漲跌、統獨藍綠之外，不知死之將至，因而無法觸及精神上更深層次議題的，那麼，個人的意義探問將顯得突兀怪異，而且很快就會淹沒在現實社會的燈紅酒綠與忙碌雜沓之中。對大部分人而言，談經濟發展、談兩岸情勢，似乎才更具有現實意義；至於談論生死意義，則只能顧左右而言他……。

為何而活的問題不容易提出，更不容易答覆。古往今來不知多少有智慧的哲人、文學家給過答案，今日各種生命科學、物質科學乃至天文學亦無不致力於揭開生命與世界的奧祕，從而對這個問題提出科學的觀點。至若各大宗教更是以答覆生命的意義為其最終極的關懷。不過，生命的答案，終究必須自己去尋求。由外而內的答案如果不能與由內而外的生命經驗相呼應，那麼，答案即使是適切的，甚至是深刻的，恐怕也終將與我們擦身而過，而無法與我們的生命真正相遇。

人偶然有了生命，卻必然邁向死亡，如何在這必死的人生中，肯定活著具有意義與目的，實乃人生大哉一問。一個人是否提出這個問題，或者，在提出後是否能得到適切的答案，都決定性地影響到他對人生三問後兩個問題的提出與答

覆。假設一個人在第一個問題上能突破成住壞空的無常，能不陷溺於虛無主義或享樂主義的羅網，能肯定生命具有某種雋永的價值、至善的境界、神聖的理想，那麼，他接下來必然會關心第二與第三個問題。

人應如何生活？

在念哲學之前，「應該如何生活」好像從來不曾是個問題。家庭、學校、社會乃至教會已經告訴我許許多多了。不過，念了哲學之後才逐漸體會到，道德直覺雖然人人有，但道德的原理卻不是人人都能掌握的。知道電器功能、好處以及使用方法的人多，但懂得電器運作原理的人少。「應該如何生活」這個問題也是這樣。要理解這個問題可以從「道」這個概念的兩個角度著手。一個是道路，亦即人生的道路；另一個是道德，也就是攸關如何做人的道理。這兩個角度是一體的兩面，是一而二，二而一的。

第一個角度連接人生第一問與第二問，因為第一問關切人生的目標，第二問則探討人生的道路。道路自然是隨著目標而定的，人有怎樣的目標就會走上怎樣的道路。想當醫生的，自然要學習醫術；想當律師的，則必須明白訴訟之理。事業心強的人一心放在工作上，自然就容易忽略其他事物。至於一個人如果明白「在人生終點時，你不會後悔沒有接成某一筆生意，卻會後悔沒有好好陪伴家人」，那麼他就會注意，在工作與家庭之間維持平衡的重要。《聖經》說得好：「你

的財寶在哪裡，你的心也必在哪裡」。當目標是生不帶來、死不帶去的財富或權勢時，人會選擇的生活方式自然就是向錢看或向權看。當目標是究竟的，人自然會追求通往人生究竟目標的道路。

道路雖然隨著目標而定，這可不是說，通往特定目標的道路只能有一條。「條條大路通羅馬」這句俗諺意味著，通往目標的方式雖然是多元的。不過，如果你走在與特定目標背道而馳的道路上，那麼，就算崇尚價值多元的後現代文化將「只要我喜歡，沒有什麼不可以」的口號喊得震天價響，那個走法走不通就是走不通。多元不等於沒有是非，目的與道路之間有一種緊密的因果關係，不容極端的價值多元論或價值相對主義任意扭曲。

當一個人所要追求的人生目標是究竟的，是大人之學的「至善」，是希臘人所謂的「圓滿」（eudaimonia）或宗教學者所說的終極境界時，那麼，他所可能選擇的道路就是合於做人道理的道路，也就是「明德新民」的道路。這就談到了「人應該如何生活」的第二個角度，亦即是道德的角度。依此，道德問題並非只是關乎做人與實踐的形下問題，而更是與人生終極課題相通相連的形上課題。也因此，要瞭解道德問題必須掌握「至善」或「圓滿」等終極境界的內涵，從而掌握人生的適切道路。問題是，要如何掌握至善與圓滿呢？這恐怕要先從人是什麼或人性有怎樣的本質探討起，從而才能「率

性之謂道」地掌握大學之道與做人的道理。探索人生的道路與做人的道理正是倫理學或道德哲學的主題。

在後現代的今天，倫理學的提問與回答都是非常不容易的功課與嚴峻的挑戰。後現代的實踐情境愈來愈錯綜，人際關係也愈來愈複雜，各種專業分工更是愈形細密，而每一個人卻都必須在這樣錯綜複雜而分工細密的社會中生活與做人。因此，如何分辨是非善惡，如何掌握生活點點滴滴中的「有所為」與「有所不為」，實乃人生大哉一問。蓋此一問題所涉及的不僅僅是做人處事之道，更涉及生命意義的實現與生命目的的達成。

人生第二問所涉及的問題固然主要是道德哲學的課題，但也不全然如此。道德的是非對錯不能涵蓋「人應該如何生活」的所有問題。例如在合乎道德底線的前提下，人面對金錢該有怎樣的態度？是吝嗇或慷慨？是守財奴或任意揮霍？什麼是面對錢財的中庸之道？此外，關於愛情與婚姻，固然也有許多是非對錯的問題需要釐清，然而，如何選擇適當的人生伴侶？怎麼知道誰是適當的伴侶？兩人之間或兩個家庭之間應如何相處才能彼此和諧、共創雙贏？這些都是重要的關係經營課題，其中所包含的生活藝術遠遠超過狹義的道德範疇。再者，職業與工作方面，固然也有某些職業倫理與專業倫理的問題，但人要選擇怎樣的工作，才能實現自我的生命，才能服務家庭與社會，從而活出精彩的人生，也是超越

道德的生命課題。最後，要活得美好，要走在通往幸福的道路上，生活中還應該有美的品味與藝術的鑑賞或創造。而且，所謂美與藝術不僅僅是指在美術館或展演場地所呈現者，也指我們具體生活中，舉凡居家的環境與布置、社區的美化與公共藝術、人工與自然環境的和諧等，這些都是生活美學的重要課題，也是探究「人應如何生活」所不應忽略的幅度。

如何能活出應活出的生命？

假設一個人知道人生的目標，也知道通往這個目標的道路何在，他是否便會乖乖地走在這條道路上呢？答案恐怕是不一定。人要知行合一，得有很多條件配合。首先，認知不但要正確，還要深刻。關於正確的人生目標與道路，一個人認識的愈深切，便愈有可能往正確的方向邁進。其次，除了認知深刻外，要達到知行合一的目標，還需要在情意方面努力，更要透過持續的修養，來提昇自己的靈性，才能活出應活出的生命。

以我自己為例，透過人生的各種經驗與思考，我深切相信：人生無常，唯愛永恆；愛是人生的起點，更是人生的終點。這樣的相信是很重要的，它能激發內在的力量，幫助人在日常生活中以真愛的精神來自我期許與自我要求。問題是，理性的認知與認同並不足夠，還需要情意的調和與靈性的提升，才能竟其全功。當我捫心自問，我在生活中是否已充分活出真愛的精神？我可能必須很慚愧也很老實的說，在愛的功課

上自己還差得很遠。

　　記得父親過世前幾個月來到家中養病，接他來家裡固然是愛的表現，不過，我的愛是很有限的。生命末期的病人總會發生很多意想不到的狀況，例如有一天夜裡他忘了廁所的方向，然後迷迷糊糊地就在我的臥室門口小起便來。事發之後他也沒有告訴我們，直到有人踩到之後才發現。我仍然很清楚地記得，發現這事之後內心的嫌惡與難以接受。表面上我雖然隱忍了下來，但我很明白，要從心裡面愛這樣的父親不是容易的事，表面上的隱忍已經是我當時所能做到的最大限度。幸而我的隱忍帶來一個重要的契機，那就是，我看起來若無其事的樣子讓父親比較放心跟我分享事情的原委。其實，當他一尿到地上，他就清醒過來了，只是事情已經發生，他也無可奈何，而自己又沒有力氣去清理，更感到羞於告人，於是也就只好放在那裡不了了之，而讓我們一腳踩個正著。瞭解事情的原委對我而言是很重要的，它在某種程度上提升了我對於他的軟弱的瞭解與接納，從而化解了內心的嫌惡。這個經驗讓我深切體會到佛教所說「悲智雙運」的真諦。慈悲之所以會帶來智慧，是因為慈悲使人與人之間分享與聯繫的管道暢通，而分享與聯繫管道的暢通則使人看見彼此，瞭解生命的實相，從而增長了智慧。智慧的增長復又深化、擴展人的慈悲，讓人能以更大的愛去接納真實的生命。這個過程是持續的，也是循環的。愛的功課，永無止息。

因此，「如何活出應活出的生命」基本上是一個持續修行、內化真愛以達到知行合一的過程。知行不一的現象，古人早就有很深切的體會，俗語說得好，三歲小娃知得，八十歲老翁不一定行得。對每個人而言，從知到行，似乎有一段很長的路要走。在《論語‧為政篇》中，孔子自述：「四十而不惑，五十而知天命，六十而耳順，七十而從心所欲不踰矩。」這句話正是意味著，即使是孔子，在過了不惑而知天命的年齡之後，還需要二十年的功夫才能達到知情意行的統整，由內而外的知行合一。

也因此，談生命的學問不能只停留在人生觀的建立、道德課題的探討與生活美學的薰習，而還必須進一步探究知與行之間為何會有一段漫長的距離？這段距離有著怎樣的內涵與樣態？又有著怎樣的根源或緣起？更重要的是，什麼樣的方法可以讓人縮短這個距離或在知行之間搭起一座橋梁？

人生第三問的探討與解決顯然是非常重要的課題，因為它涉及到正確的人生觀與價值觀是否能內化並且「誠於中」而「形於外」的問題。然而，長久以來關心人格教育或品德教育的學者卻似乎並不夠重視它，以致於「知行合一」竟然變成像口號或座右銘一般，被供奉在教育殿堂的某個角落裡聊備一格，而卻沒有受到應有的重視，更沒有被當成重要的課題來研究、來實踐。事實上，人為何知行不一、如何能做到知行合一是人生三問中最為關鍵的問題。一個人如果不處

理這個問題,那麼,即使他的人生觀是正確的,也知道通往人生正確目標的道路何在,卻很有可能在實踐上與自己的認知背道而馳。果如此,人生第一問與第二問的探討也就都失去了意義。

依此,人生第三問可以說是人生三大根本問題中最重要而畫龍點睛的問題,它是知情意行是否統整(integrity)的問題,也是生命智慧是否能內化並落實為生活實踐的問題。如何獲致生命的覺醒、身心靈的統整,從而活出應該活出的生命,正是人生第三問的根本大義。

人生三問,交互為用

人生三問雖然各有其獨立之旨趣,不過,它們之間的關係是相互為用的。知之愈深,行之愈篤;行之愈篤,知之愈深。真知與力行之間具有一種良性循環,使得越明白的,越能去力行;而越能去力行的,也越能有真切的明白。

人生三問的第一問探討人生的終極意義並建立人生的究竟信念,這是知行合一所不能或缺的真知基礎。欠缺這個基礎,道德實踐的意義便難以確立。意義一旦確立,人必須進一步透過慎思明辨來建構實踐的倫理價值體系。這就涉及了人生第二問的課題,亦即倫理思考與批判能力的養成。最後,人生信念與倫理價值不能只停留在「知」的層面,而必須融貫到人的知情意行與身心靈各層面,這就構成了人生第三問的內容,也就是有關人格統整與靈性發展的課題。人的人格

愈統整、靈性愈清明，對於生命的實相便愈能有究竟的了悟；
而生命的了悟愈究竟，便愈能強化倫理思考與實踐的能力；
倫理思考與實踐的提升復又增進人格之統整與靈性的發展。
如此周而復始、綿綿不已，便能引領人生旅者進入向上超升
的正向循環。

人生意義的追求

陳海珊

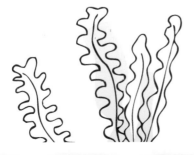

我認識自己嗎？

我的生命與別人的有何不同？

我要如何真正的活著？

去除工具性價值之後，我的生命還留下些什麼？

你還活著嗎？

告訴你一件有趣的事，布農族人打招呼時說「米吼咪上」，意思是「你還活著嗎？」漢人不明白布農文化，會生氣對方真沒禮貌。但若你知道布農祖先在高山打獵，常冒著生命危險，大概你也能了解屬於布農族幽默又符合生活實況的問候語了。

「你還活著嗎？」我也想這樣問問你！

每一個人從出生的一刹那，便是活著，一直到醫學定義的死亡，這之中我們都可以理直氣壯的回答：「當然活著。」然後，翻翻白眼表示這問題相當「白目」。

只是你知道人活久了，「活」就成了一種習慣。有些事成為習慣很好，例如：遵守交通規則、個人衛生習慣。有些

事成為習慣卻不妙，就像「活」的習慣，這樣的習慣會讓我們忽略了「活著」的感受。舉例來說，你每天生活、上課和朋友聊天時，你會真正感受到自己是一個有頭、有腦的年輕人嗎？或是在你頭痛時，明顯地提醒了你：「你有一顆頭，它現在很痛，無法思考，也無法與人聊天。」而當頭部疼痛消失，人體恢復健康時，第一時間的酣然舒適，令人感到輕鬆、愉快。人是不是很妙？人們在平順的生活中，往往不會感覺平安的存在、平安的美好。當我們擁有時，更常不知擁有的美好，卻在失去或缺乏時，體認到渴望擁有的幸福，於是，才學會珍惜和感恩。

「你還活著嗎？」此時，你大概會認真感受問題的內涵了。你在看這篇文章嗎？你可以再靠近一點！「看」、「靠近」都證明了你活著，但不要做「活著的死人」。

你知道什麼是「活著的死人」？

寫這封信時，正值五月，有些高三的同學已經是準大學生了。他們每天來學校，吃完早餐，先趴著睡一下。上課了，就問老師要看什麼影片，老師無奈地放電影，同學卻又選擇和朋友瞎聊或是睡覺。

有一天，兩個高三同學來找我：「老師，有沒有工作給我們做，我們就可以請公假，離開教室了。」我問：「高中三年，你們不是口口聲聲要自由嗎？如今真的自由了，可是

怎麼不快樂呢？」兩個大男生說：「因爲無聊！」「學校不是安排了好多課外活動和有趣的講座嗎？」「不想被安排，又不會自己安排；在學校覺得無聊，在家覺得更無聊。」

我看著這兩個同學，決定將他們留在身邊工作一天。我列了一張清單，一一說明後，他們便開始工作，整整忙了一天。一個同學說：「做事一整天好累！」另一個同學問：「老師，明天還要不要我們？」我回答：「謝了！今天累了一天，明天就休息吧。」兩人異口同聲：「好啦！用我們啦！」我瞪著他們，他們支支吾吾地說：「身體真的很累，但是覺得幫老師做很多事，很有成就感，覺得自己有價值。」

多麼可愛的回答！因著他們對自覺意識的改變，生命呈現方式有了不同的體驗。我問他們：「吃、睡、聊天、看影片的生活如何形容？」其中一位說：「植物人。」另一位說：「別汙辱植物人，是像老師說的：活著的死人。」

看來「活著的死人」這樣的生活方式並不讓這群年輕人感到快樂吧！他們想盡方法要脫離這個狀態，例如找一些公差，或是蹺個課，以表示自己還活著。另一個高三同學，每天正常出席，一星期後，決定加入離開教室的行列，到學校各處室找工作幫忙。他說：「沒事做其實很累，浪費生命的日子令我厭煩。」看著他們開始尋找自己的生活和生命價值時，我覺得，臺灣的高三生在五月時，能有一段時間過得不知所云，而能反省到對生命價值意義的追尋，這段放空和放

逐，也是重要的生命體驗。

人生有沒有不同？

　　有一次上課，我請同學們分成小組，一起建構自己的幸福人生。每個孩子自由地說一說，人生中想要擁有的、想要追求的，「美女」、「帥哥」、「財富」、「跑車」、「地位」、「成績」、「健康」、「愛」、「信仰」、「自由」、「朋友」、「家人」等等，然後把這些答案放在一個四層的金字塔上，最高層一個答案，依序至最底層可以放四個答案。最重要的答案放在最高層，依答案對自己人生幸福的重要性，遞減在金字塔上的位置。每個同學都可以提出理由後，變動連續兩層的答案。開始時，同學把財富放在最高層，健康放在第二層，有同學說：「有健康才能創造財富、享受財富。空有財富，沒有健康，財富就沒有意義了。」於是他把健康移往最高層。也有同學要把「愛」置換位置較高的「親人」，旁邊有同學表示不同意。但同學說：「有親人沒有愛，親人也會像陌生人或是仇人。反而是有愛的時候，什麼人都可以當家人、朋友。」藉著每一位同學自由提出理由，置換金字塔上答案的位置，每個小組一同建構「幸福金字塔」。

　　最後各組在金字塔頂端的答案是：愛、自由、財富等等。把財富放在最頂端的那組同學，用調皮的眼光看著我。他們期待我說不出話來吧！我說：「每一組排出你們認為的幸福人生中，各種答案的重要性。選擇財富一定有其幸福的力量，

不過財富只是一種工具性價值。若放在金字塔頂端，當成人生最重要的追求目的時，到頭來一定會失望且空虛的。」「爲什麼？」「因爲財富的追求是沒有止境的，只有暫時的滿足。」

我們每個人都在追求生命的價值與意義，爲自己打造幸福的金字塔，我的生命與別人的有何不同？我又要如何真正的活著？去除工具性價值之後，我的生命還留下些什麼？當探索這些問題時，我們已進入哲學思考。

在人生裡加入哲學，人生就會有所不同嗎？什麼是哲學？

親愛的，也許很多疑問在你腦中盤繞著。別慌張，先讓我們一起認識「萬學之母」——「哲學」。什麼是哲學？簡單的說，哲學就是「愛真理、智慧的學問」，是在人生中選擇善的生活，踏上愛的路途，佩戴智慧的冠冕，以追求幸福的人生（善的生活，具體表現在真、善、美的所有品德中）。

當人生有哲學時，人生發生的事沒有不同，但人生的主人會大大的不同。輔仁大學校長黎建球教授曾說：「不要用看得見的東西去衡量一個人的生命價值，要用同情、理性、犧牲衡量。」你說有了哲學素養，人生有沒有不同？

人生的意義：追求幸福的生活

接下來有幾則真實故事，因著主角選擇的生活方式，呈現真、善、美的幸福人生。

最珍貴的嫁妝

我看過一段報導影片，關於單親媽媽撫養兩個女兒的故事。媽媽原本一眼失明，一眼近視上千度，從小身上有脂肪瘤，使她長相奇異。小兒麻痺的丈夫在兩個女兒只有兩歲及五個月大時，因病過世。夫家原本安排將兩個女兒送去孤兒院，但媽媽極力挽回，讓孩子留在她身邊。母女三人忍著貧窮，勇敢過日子。後來，兩個女兒長大了，他們約定，結婚後要將媽媽留在身邊，媽媽是姐妹倆的嫁妝。

在影片中，可以看到她們小時候住的屋子，下雨要穿雨衣才能睡覺。媽媽沒有帶著女兒自殺，反之，她們接受貧窮，卻彼此生活有愛。母親說：「兩個孩子給我活下去的勇氣。」而女兒說：「謝謝媽媽把我們留在身邊，撫養我們！」當她們的生命彼此影響時，我們也被她們的生命感動，這位媽媽知道自己的能力，全然付出，完成一個母親該做的事。

在愛中的幸福人生，不代表就是過著平順的生活，而是生活中的挫折，因愛提升了生命的層次。

最真誠的陪伴

我們學校的學務主任每個月都要請觸犯校規的同學，返校參加改過遷善營。明明是懲罰，卻說是「愛校服務」，擺明了刷馬桶可以銷過，好一個操性分數的交易！然而，不論用再好聽的名稱、戴再高的帽子，孩子們仍然覺得無奈，一

切作為只是迫不得已的「被懲罰」。

　　最近，我聽學務主任說：「我發現高中生少了愛、少了關心，所以一肚子怨氣，才會在日常生活中表現不當的舉止。他們抗議心中的不平，以填補想要關心而得不到的失落，若我們又用暴力的方式對待他們，他們不會真心改過。所以這次改過遷善營，我請孩子來，告訴他們，他們不必付出什麼、沒有勞動服務、不用曬太陽，只要接受師長的關心就好。」在這裡，同學安靜下來看文章、寫心得。半天後，學校準備一個豐盛的便當讓他們帶回家。

　　一位同學寫下心得：「我已經參加第二次了，照慣例，主任會先講講話，我們會看文章。主任一講話，我的心就靜下來了。」學務工作老是給人懲治的印象，其實卻是不斷找回原點的愛和關心。

最善良的堅持

　　2009 年 2 月 23 日，清華大學開學日的下午，一群學生在體育館三對三鬥牛，一個界外球滾到場外電動椅下，有位大二的男學生跑去撿球，球還沒有撿到就觸電了，電流通過心臟，奪去他的性命。想像一下，「開學」、「體育課」、「三對三」、「界外球」、「撿球」，這一連串的動作，是正常的事件，還是類似飆車的危險動作？去撿球的前一秒，在場的所有人腦裡都不會有「死亡」這兩個字。因為全部同學都在流汗、運動。而下一秒，一個年輕人竟然這樣失去了生命。

　　這位學生的母親是在醫院處理廢棄物的工作人員，事發之後，她一心一意只想著：「孩子犧牲了，但要有意義。」她沒有要學校賠償，只是希望同樣的悲劇不要再發生，媽媽請孩子的高中老師寫一篇文章告訴所有年輕人：「死亡的腳步，總是在你措手不及時，來到你跟前，在你還沒看清它之前，就已把你籠罩。」「我不想叫你們『把我的那一份一起活』，我只想告訴你們『活好』自己那一份就好了。」「賺錢和地位都不能永活在朋友心中，唯有愛是天人永隔後的唯一橋梁。」「每一個人都珍惜自己的生命，珍惜別人的生命，敬業地完成每一份工作。」

　　這位五年前才失去丈夫，如今又失去兒子的母親，用什麼想法、什麼價值觀面對這個心中的痛？她努力地讓死去孩子的生命有意義，而且接下來，自己的生命也要有意義。這個意義是由這位堅強的媽媽所定義的人生哲學。

最美麗的失落

　　我認識一對夫妻，有兩位可愛的女兒，每次看到他們互相支持，覺得世界都穿上了新裝。這次太太又懷了第三個小孩，一路平安，全家也都一起準備迎接小妹妹。就在分娩前，太太到醫院待產，醫生突然發現，腹中的孩子已經沒有心跳了。當我趕到醫院時，先生一邊流著眼淚，一邊處理住院事宜，他看到我時，無助地抱著我說：「怎麼會這樣？我完全沒辦法保護她！」

太太更不用說了，胎兒死了，還要經過陣痛，把孩子生下來。太太生下死胎，仍然抱在懷裡，為她取了個美麗的名字，告訴她：「媽媽就是愛妳。」從那時起，每有人去醫院裡看他們夫妻，都要抱頭痛哭一場。直到有一天，丈夫對妻子說：「我要領洗了！因為，我想小貝比的生命是有意義的。她的無常提醒我追求永恆的生命，我也想藉著我的新生命成就她的生命。」丈夫在孩子喪禮中領洗，聖名是克利斯多福，那是背著孩童耶穌去旅行的一個聖人。我想這位先生也想將孩子永遠背在身上，旅行一生吧！

他們夫妻沒有吵著要醫師賠他們一條命，也沒有相互埋怨，一定要找出一個人負責。他們選擇用愛和信仰面對人生中的失落。

選擇幸福──光陰的故事

許多的故事在我們身邊發生：

想把媽媽當成自己嫁妝的姐妹；

用愛代替懲罰，彌補學生生命中失落的老師；

堅持死去的兒子犧牲要有代價的母親；

背著孩子的生命意義，繼續生活的父親。

「8 歲就用 8 歲的能力愛四周的人，20 歲就用 20 歲的熱情關心社會和四周的朋友。」

我們回到自己的生命，請你想一想，你認識自己嗎？你是一個看重自己的人，或是只看重某部分成就的人？如果是

後者，其實你不能算真正認識自己。每個人認識自己的能力，看重自己的生命位置，才能忠誠地發揮生命、發展生命。人不論幾歲，不論長什麼樣子，都會有自己的能力，可以服務別人。例如：貧窮的媽媽連避雨的房子都無法給孩子，她不能做所有的事，她只做她能夠做的事，因媽媽的愛，傳遞母女三人生命的無限。

《聖經》說：「一粒麥子落在地裡死了，才能結出許多子粒。」我們都是平凡人，但我們都要面對屬於我們的人生。像清大那位學生的媽媽，失去了丈夫，獨子又發生意外之後，仍選擇真誠面對失去的痛苦，善良看待、寬恕相關的人、事、物。懷著一顆讓孩子死後，不再有別的孩子受傷的心，宛如十字架上的耶穌和他的犧牲。也因此，我可以看到媽媽美麗的心，回憶孩子的美好，也朝向生命的未來。

這些故事中的人，也有一天會走到人生的盡頭。但我相信他們將會永遠活在人們心中（如果他們的故事感動了你，他們的愛會因此傳遞）。因為他們選擇了善的生活，以他們真、善、美、聖的德行，實踐幸福人生。

你覺得呢？心動嗎？不如馬上行動追求你的人生意義！

1. 安靜一下，回顧自己的生活，有沒有哪些「生活中的事」已成習慣？試著將它們找出來。再試試看，下一次處理這些事情的時候，刻意用點心，體驗一下，看看有沒有新發現。

2. 找四、五個好友或兩、三個家人，利用文章中所提的「人生中想擁有的、想追求的目標」，請你們也排出順序，彼此討論一下，哪一個答案是最重要的？

3. 當哲學進入人生，你猜你的生命會有什麼改變？想一想，可不可以舉出一、兩個例子或經驗？

4. 文章中有許多小人物、小故事，你最喜歡哪一個故事？這個故事和你的生命經驗有哪些關連？有哪些值得學習？

5. 看完了文章，你心動嗎？如果要開始追求你的人生意義，什麼是你的幸福人生？

猴子互相抓蝨子，

海豚團體行動，

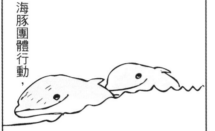

企鵝家族群聚，

人類踩著別人獲利…

第 **2** 封信

幸福秘笈

黃同展

在真正的愛中，

我們會看到對方的價值、獨特性或潛能；

會體悟到自我的價值、生命的幸福感與滿足感，

也會看到自己的使命與責任。

人生到底有何意義？

人生有許多事我們無法確定，但是有一件事可以很確定，就是每個人都會死。既然人註定會死，那麼人的一生到底有何意義？怎樣活才算是有意義的人生呢？

人與動物最大的不同在於，動物只懂得覓食維繫生命，而人在一生當中必定會思考生命意義的問題，特別是覺得生活索然無味時。相信不少年輕朋友在面對升學壓力時，心中會不由得抱怨：這樣天天讀書考試的人生有何意義？

許多人會告訴你：現在努力讀書，才能考上好的大學；考上好的大學就能找到不錯的工作；找到不錯的工作，你就可以找到美麗的公主或王子，從此就可以過著幸福快樂的日子。電視廣告也灌輸你，只要有錢買下豪宅、名車，就可以獲得美滿人生。

你相信人生真的是這樣嗎？

曾經有一對美國夫婦，在事業如日中天之時，突然選擇一起自殺。自殺前，他們錄了一段錄影帶告訴親友，他們覺得這世上已經沒什麼好追求的了，所以他們決定自殺。

另外，在瑞士這個號稱人間天堂的國家，風景優美、空氣清新、治安良好、沒有天災或戰爭，國家富裕、社會福利完善，是許多退休人士夢想的樂居地。但是，在瑞士 700 多萬人口中，約有 30 萬人有酗酒的習慣；3 萬人必須依賴毒品度日；15 歲的青少年中，有 34% 的男孩與 27% 的女孩曾吸過大麻，這是全世界吸毒比例最高的國家。瑞士也是全世界自殺率第二高的國家，根據瑞士政府的研究，瑞士有 1/2 的人曾有自殺念頭，有 1/10 的人曾經嘗試自殺。

但是在喜馬拉雅高山邊的小國不丹，土地貧瘠、環境惡劣，國民所得只有台灣的 1/20，那裡的居民沒有過多的物質享受、沒有快捷便利的交通設施，卻有 97% 的人覺得生活在這樣的環境中充滿幸福、快樂。

這兩個國家的物質條件天差地遠，但卻顛覆了我們對幸福生活的刻板印象——原來人們盡最大努力追求得到的財富、名望和安穩生活，並無法提供幸福人生的保障。

在托爾斯泰的《伊凡‧伊里奇之死》故事中描寫伊凡這個聰明的窮小子，靠著努力不懈的工作態度及高超的交際手

腕，最後爬上高等法院檢察長的位置。就在他滿足於自己的成就之際，卻意外摔成癱瘓。他被迫靜下來好好審視他過去的生活，才發現長期以來他所汲汲追求的豪宅、美女及權勢，都非他真正所愛，這些都只是為了迎合世俗的眼光及品味；妻子、女兒、醫生及同事從來不曾真正關心過他，如同他也從來不曾關心過別人。此時，他才明白，一生所追求的一切都是虛幻的，他從來不曾真正的活過、擁有過。

現實世界中，不少人跟伊凡一樣，全心全意在追求虛幻的財富、名望及地位，而忘了此生的目的，也尋不到真正的快樂與幸福。

意義治療大師弗蘭克（Viktor E. Frankl），他及他的家人都曾被納粹關進集中營，父母、哥哥及妻子，不是死在牢營裡，就是被送入煤氣間，僅剩他和妹妹活了下來。像這樣一個失去一切、飽受凌虐、隨時都面對死亡威脅的人，怎麼會覺得人生還值得活下去呢？他卻以自己在集中營的親身經歷及幫助病人的實際經驗，完成了意義治療理論。弗蘭克發現，無論物質多麼匱乏、環境如何惡劣，只要相信自己的生命有意義，而對未來有所期待，人就可以忍受任何痛苦與災難。

相反的，如果沒有發現生命的意義，無論生活多麼富足、擁有多少成就，都會覺得生命空虛、無聊、厭煩、沮喪。很多人以追求更多的權力、金錢、享樂及刺激，來填補心靈的空虛，想要藉此麻醉自己，卻陷入更大的空虛之中，甚至走

向自殺的不歸路。

原來外在的物質條件，並不是決定我們是否快樂的關鍵，真正讓我們幸福的關鍵是尋找人生的意義。

如何尋找人生的意義？

談到這裡，你或許想問，人生的意義到底是什麼？

美國熱門的卡通節目「辛普森家庭」某一集影片中，荷馬爸爸也向上帝問過這個問題：

荷馬：神啊，生命的意義是什麼？

上帝：荷馬，我不能告訴你。

荷馬：為什麼？

上帝：等你死了就知道了。

荷馬：噢，我等不了這麼久。

上帝：連六個月也等不了嗎？

荷馬：不，現在就告訴我……

上帝：噢，好吧，生命的意義是……

沒有人可以回答你，人生的意義到底是什麼？因為每個人都是獨一無二的，由於這種獨特性，所以每個人都有自己的「天命」，需要自己去具體地實現。生命無法重複，也不可取代，所以只有「你」有特殊的機遇去完成你獨特的「天命」；而且，現在的生命意義與過去的生命意義不同，與未來的生命意義也不同。

所以弗蘭克告訴我們：

我們不該繼續追問生命有何意義，而該認清自己無時無
刻不在接受生命的追問。面對這個追問，我們不能以說
話和沉思來答覆，而該以正確的行為來答覆。到頭來，
我們終將發現，生命的終極意義，就在於探索人生問題
的正確答案，完成生命不斷安排給每個人的使命。

卡繆也曾經用薛西佛斯的神話來說明人生的意義。

薛西佛斯因爲觸怒了天神宙斯，於是宙斯決定要給他一
個最絕望的懲罰。宙斯命令薛西佛斯將一塊大石頭從奧林匹
亞山腳推到山頂，但是每次當大石頭被薛西佛斯推到離山頂
只剩一步時，大石頭就會滾回山腳，所以他必須每天不斷地
重複這毫無意義的工作。

薛西佛斯在周而復始的痛苦折磨中發現，宙斯固然可以
用外在的苦刑不斷地折磨他，卻無法剝奪他內在反抗宙斯的
自由意志，及對生命的熱愛。於是他選擇快樂的面對折磨，
於是他超越了宿命的審判，找到了生命的意義。在這場天人
之戰中，薛西佛斯才是真正的勝利者。

卡繆告訴我們，人在極端不自由的外在環境中，仍能用
積極的態度去超越自我生命的限度，進而找到生命的意義。

原來人生的意義不是名詞（思考）

而是……動詞……（行動）

不是去問

而是不斷回應生命的挑戰

不只是自我實現……更是自我超越……

如何超越自我？
工作與創作

藉由認真的工作與創作，我們可以發現自己的潛能與價值，並獲得成就感。這裡所謂的工作，不單指職業上的工作，而是指認真的去完成一件事。相信大家都有類似的經驗，當我們很認真的完成一件事，即便只是件小事，我們常常可以從中獲得成就感與滿足感。慢慢地，我們會發現自己的潛能及存在的意義，這樣的感覺是就是一種自我實現。而如果你能進一步的超越自我的限度，完成很困難的工作，那就是一種自我超越。《總裁獅子心》作者嚴長壽先生的成功，就是最好的例證。

嚴長壽先生 32 歲就成為亞都麗緻飯店總裁，你可能會以為他是啣著金湯匙出生的企業家第二代，其實他只有高中畢業，23 歲退伍後，進入美國運通公司當送貨、打掃的小弟。剛開始他也覺得這個工作很沒尊嚴，沒有前途，但是他體悟出「垃圾桶哲學」，就是甘願像一個收垃圾的人，去做一些別人不願意做的事情，只要「有機會去做」，就是一種學習。

所以他開始尊重這份工作，每天西裝筆挺地提前一小時到公司準備，並且把每一件小事做好。而當同事趕著下班，手頭的工作做不完時，他就說：「你教我，我幫你做，你可以早點下班。」因此他常常義務加班到晚上十點。不久之後，他發現自己很受歡迎，因為同事都覺得他「很好欺負」，什麼事情丟過來，他都願意做。由於他把它當成一個學習的環境，因此發現真的去做的時候，事情其實沒有想像中那麼困難。而且他不只是把事情做完，更想著如何把事情做好。

嚴長壽藉由這樣認真的工作與創作，不斷發揮自己的潛能與價值。五年後，28 歲的他就當上美國運通公司台灣區總經理，四年後更成為亞都麗緻飯店總裁。而他的生命態度，也帶領亞都麗緻飯店從一個平凡的商務旅館，蛻變成為世界知名的飯店。

愛

藉由愛，我們也可以自我實現，甚至自我超越。這裡所說的愛，不僅是男女的情愛，也包括對親人、朋友、陌生人、國家、大自然及萬物之愛。在真正的愛中，我們會看到對方的價值、獨特性或潛能，會體悟到自我的價值、生命的幸福感與滿足感，也會看到自己的使命與責任。

吳正義一生下來，手腳就像樹枝般扭曲，爺爺一度想遺棄他，是吳媽媽哭著求爺爺，才讓吳正義有活下去的機會。

　　親戚及鄰居看到吳正義，不免指指點點，認為是前世造孽，這些閒話深深刺傷他們母子的心，然而吳媽媽抱著「拐腳囝仔也是阮心頭上的一塊肉，再怎麼苦也要把伊飼大漢」的母愛，含辛茹苦地將吳正漢撫養長大。

　　吳正漢也能體會父母的愛，雖然只能以膝蓋走路，卻從小就會幫忙煮飯、洗衣服、撿木材、養豬、養鴨，是家務上的好幫手。吳媽媽驕傲地說：「還好這個囝仔細漢就很懂事、很孝順，真正沒白養！」

　　後來吳爸爸中風去世，無法走路的吳正義與吳媽媽只好靠著慈濟每月的補助相依為命。雖然日子過得辛苦，八十多歲的吳媽媽卻覺得有這個「拐腳囝仔」作伴，就很滿足了。

　　九二一大地震後，吳正義和母親從電視上看到許多家庭的慘況，決定將生活費捐給慈濟賑災。事實上，他們的生活並不見得比災民好過，但是吳正義說：「阮跟阿母只有兩個人，沒有子女，不需留太多錢，但是那些災民都有子女、家人要養，比我們更需要幫助！」

　　吳正義就是這樣一個人，他的善良、純真完全受到母親長久不變的愛所薰陶。吳媽媽總是滿足地講著自己孩子的優點，從不自艾、自憐，這就是吳媽媽母愛的偉大。

　　吳正義母子之間的愛，讓他們超越生命中的困苦，體悟到生命的幸福感與滿足感，也看到自己的使命與責任。

自我超越

最後一點，也是最重要的一點，藉由勇敢地面對人生的痛苦和災難而自我超越。當一個人遭遇到一種無可避免的、無法改變的苦難，他就得到一個最後機會，去實現最高的價值與最深的意義。此時，最重要的是：用怎樣的態度來承擔痛苦？

弗蘭克發現，在集中營無可逃避的苦難中，人可以選擇出賣同胞，以換取極少的食物；但是，人也可以克服驚慌、冷漠、暴怒等情緒，冒死奔走，無私地幫助別人、安慰別人，甚至不惜犧牲自己的生命。弗蘭克認為，即便是在最悲慘的境況裡，這仍然是人不可被剝奪的自由。

如果我們在面對無可避免的苦難時，選擇逆來順受，甚至逃避，只是白白的受苦。當我們能承認我們具有無法被剝奪的自由而積極面對時，我們就可從苦難中得到意義與價值，就能從痛苦中超越。

親愛的朋友，你準備好面對生命對你的提問與挑戰了嗎？希望這封信能幫助你超越生命中的空虛寂寞與不順遂，找到你自己的意義與價值。

1. 這一生你想要追求的是什麼？你想追求的東西是否真能給你幸福快樂？

2. 如果遭遇像薛西佛斯般的苦刑，你將如何超越？

3. 嚴長壽先生的工作態度對你有何啟示？

4. 吳正義母子的故事對你有何啟示？

5. 你曾面對最大的困難是什麼？你如何面對它？

   又有何體悟？

更高的鼻子，

更大的眼睛，

更豐滿的胸部，

更渺小的自己。

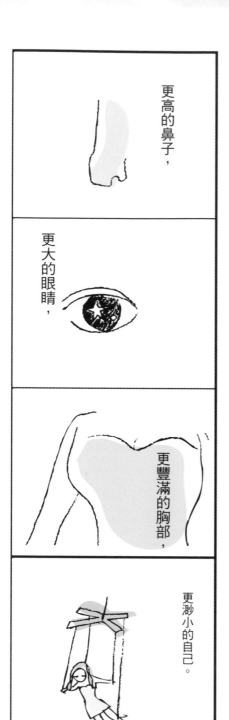

第 **3** 封信

人生的答案
100 ─年─班
/..../..、..、.../
/.../.....、../
/...../...、/...

有一種交託，
只是相信！

胡敏華

年輕時不斷在生命的困頓與誘惑中迷惘是必然的，

然而年歲的流轉卻不一定使我們減少煩擾，

對於信仰的思考或質疑，

也許幫助我們釐清了生命的價值與意義！

天氣好熱呀！寫信給你的此刻，電風扇正嘎嘎作響著！

每到驪歌輕揚的時節，電視上不斷重複著大考的訊息、求職的機會，搞得畢業生都焦慮起來！你也跟大家一樣開始尋覓未來的方向了吧！你希望自己成為哪一種人呢？希望過哪一種生活？

我想跟你說說阿鳳的故事！因為阿鳳追尋人生方向的過程是那麼艱辛，但值得成為典範。

那年的夏季，他成為一個公立高中的數學教師，兢兢業業地努力著，希望引導學生思考生命的真相。但是他常常很沮喪！常常在教導學生的挫折中，否定自己、否定一切，因為學生不一定會依著老師的期望去做，面對人生的多元，他們也會有自己的答案，不是嗎？

　　阿鳳是個很虔誠的佛教徒，他後來決定跟隨師父到雲林興學，不是爲了逃避，而是希望找回對生命的熱情與動力，所以他從宿舍的輔導員做起，教小朋友讀《論語》、觀功念恩……。算一算，已經六年囉！我想著他從一個感嘆人生無常的年輕人，蛻變成爲一個勇敢熱情的老師，應該是找到人生的答案了吧！

　　信仰對一個人的影響究竟有多大？我常跟阿鳳討論這個問題。

　　昨天有位學生回來看我，他說有一群熱心的外國傳教士到宿舍找他，非常關心他的生活與課外活動，極力邀他到教會走走，這樣的熱情其實讓他有點害怕。對於他們口中所謂的「神」以及祂如何影響了人的生命，學生有許多的困惑與思考。

　　過去阿鳳經常談起，釋迦牟尼佛在菩提樹下明心見性、大徹大悟的歷程，深深震撼他，我也常與他分享耶穌基督愛的教導，如何安慰了我受創的童年。我常覺得，年輕時不斷在生命的困頓與誘惑中迷惘是必然的，然而年歲的流轉卻不一定使我們減少煩擾，對於信仰的思考或質疑，也許幫助我們釐清了生命的價值與意義！今日阿鳳或我可以各自在夢想上堅持與努力，對於神的交託與信心會不會也是動力之一？

信仰的初衷：跨越生命的挫折

我最近在生命教育課堂上，也常跟學生討論這些問題。

小雯是我的學生，常在討論時問我：死亡是怎麼一回事？對於親人的思念，會不會從死亡的那一刻開始，就永無止盡？她哭著訴說面對母親成為植物人的心情，心疼母親的折磨，又捨不得讓母親離開……，心理煎熬會讓她跟著父親到處拜佛；碰上有禱告的機會，她也會拚命禱告，希望真的有所謂的奇蹟，讓媽媽可以清醒……。

我發現，對人們來說，信仰可以是一種交託吧！

阿珍最愛的父親因車禍過世，至今六年，她用無盡的想念來尋求釋放……，所謂天堂，所謂做禮拜，是因為她覺得爸爸聽得見她的祈求，所以她要爸爸在天堂過得好，而且基督信仰讓她相信有來世，那是現世的完美更新，所以爸爸的死亡不但不是一切的終結，反而正是爸爸努力栽種後的收割之時。這樣的相信，幫助她跨越了諸多的焦慮與絕望。

你知道嗎？當我聽著他們的故事而深深心痛的同時，學生們會反過來安慰著我說：「老師，生命要有一點點挫折才好演下去，太平淡的戲演來不生動。」

多麼正向的思考，多麼勇敢的生命，這就是信仰對他們的影響吧！一種對造物主的相信，一種交託，也是因為對親

人真實而無際的愛。我從他們的故事中,重新找回自己對信仰的初衷。

信仰開啟寬容與慈悲的智慧

　　前一陣子我去看了「密勒日巴」(Milarepa)這部電影。密勒日巴是一位以凡夫之身,而能即身成佛的人物,也是影響阿鳳很深的一位聖者。他從滿懷仇恨到幡然醒悟,從高傲自慢到謙卑溫和,身無長物卻非常地快樂,這樣辛苦的歷程是最讓我欣賞讚嘆的部分。

　　密勒日巴生於富貴之家,父親臨終前將他與母親、妹妹託孤給叔叔,然而叔叔卻侵吞了所有家產,面對這樣邪惡與不義的行徑,母親再也忍無可忍,滿懷仇恨之餘,將他送去學習黑幻術以求復仇,密勒日巴因此踏上巫術的學習之旅,之後返鄉復仇,滿足母親的願望,殺害了 35 名族人,而且還殺紅了眼,一再殃及無辜,造下了許多惡業。然而,他手上的血卻無法平靜他的心靈。

　　為了從復仇的村民手中逃生,也因為被無辜死者的景象所縈繞,密勒日巴躲進了一間小佛寺。在那裡,一位老僧人向他揭示佛陀教誨的精髓:「諸惡莫做,眾善奉行,調伏自心。」

　　當他醒悟自己行為的嚴重性時,這些受害者的記憶和聲音,不斷侵蝕著他。報復仇敵並不能為自己帶來平安與幸福,

不斷誇張自己的委屈也只會讓自己掉入更痛苦的深淵。這讓密勒日巴開始一段寬恕與和解的旅程。

他找到此生的恩師馬爾巴（Marpa），經由馬爾巴這位靈性導師的引導，密勒日巴承受了許多痛苦和心智的考驗，最後終於獲得靈性上的證悟。之後，求法弟子群湧而至，請求尊者教導，密勒日巴成為一位善於分享智慧和洞見的大師。

過去我就經常聽阿鳳談起，這位心靈上師如何面對自身生命反省的衝擊，當時我的體會不深，現在的我經常處於一種焦慮、抱怨與煩躁的情緒中，仔細看了密勒日巴尊者的生命故事，似乎也稍稍幫助我開啓了一種寬容與慈悲的智慧！

信仰，帶來真實的愛

講了好多別人的故事，我也想聊聊自己的故事！其實，我的信仰並不來自於面對死亡，而是來自於愛的榜樣。

我的父母都是天主教徒，但父親並沒有讓我出生就領洗，因為他認為宗教是一種選擇，一種對自己生命負責的堅持。於是我沒有任何宗教信仰，直到小學五年級。

那時候我開始成為校園裡被欺負的對象。我每天一早上學前就問自己：我為什麼要活著？而且每天活著被別人欺負又不會還手？我每天都要想辦法逃避別人嘲弄的眼光，都要想辦法讓自己假裝很堅強，不能哭，只能面無表情。

　　另一個更巨大的疑問是：為什麼別人總能輕易講出傷人的話，然後事後告訴你那只是開玩笑？為什麼別人總能輕易地說笑，而無視於帶給旁人的壓迫？

　　就在我最挫折時，修女來家裡帶領著我上教堂，那時我對信仰的第一個感覺是奇妙的，它帶給我好多平安與溫暖。對《聖經》一知半解的我，從神父、修女與青年會兄姐身上，感受了豐厚紮實的愛：我開始好奇這是一種多麼奇特的恩典？人怎麼能這麼無私的付出與相愛？修女教我要原諒同學，告訴我耶穌也這樣寬恕了仇敵，那時的我真難體會唷！

　　當時的我在學校過分地小心，也嚴苛要求自己要謹言慎行，明明期待朋友、討好朋友，卻又擔心遭人恥笑。我在擔心與表現中猶豫，每天都有好多問號與恐懼。

　　童年的陰影影響了我對於愛的理解，我沒有辦法付出，也同時覺得沒有資格被愛。對於遭受痛苦與社會上不公義的人與事，我一直都記得過分清楚。國、高中時期的我，覺得自己的生命裡充滿困惑，與人之間的距離總是遙遠而疏離，糟透了！

　　可是每當我回到教堂，在兄姐身上看到他們活出了耶穌的樣子，總是有一股暖流在我心裡，我可以感覺得到天主愛我。我想，天主是用挫折教我面對自己，面對真實的接觸與愛。的確，我不能只想依靠自己！人是多麼有限，即使不知

道明天會如何……，許多未來的事情，我現在不能理解，但我知道誰掌管著明天，也知道誰會牽引我的手。面對死亡或苦難，其實就是面對生命，真實地活著，活出生命的亮度與光彩。

開啟生命動力的鑰匙

其實，在經歷過這麼多美好的探索之後，我愈來愈了解信仰的意義。

原來宗教信仰並非像阿拉丁神燈有求必應、籠統地勸人爲善。信仰其實指引著我們生命中的終極目標，讓我們在面對生命中的各種困境時，不致徬徨失措；信仰也激發出人們生命中的無私與愛，使我們的身心得以平安。現在我回首童年，不再是埋怨與悲傷，因爲知道寬容與和好是重要的；就像阿珍與小雯透過宗教撫慰心中對親人的不捨，因爲信仰開啓了他們生命中的潛在動力，讓他們舞動得更好。

尋找人生的答案是一段漫長的過程，而宗教信仰提醒了我們：生命體驗的深化與超越是其中的關鍵！我會努力的，希望遠方的阿鳳和正在讀信的你，也保持充分的能量，持續地探索！

問題思考

1. 你曾經對生命失去熱情和動力嗎？當時是什麼狀況？後來的發展呢？

2. 阿鳳、小雯或阿珍的故事分別給你哪些啟發呢？

3. 看了這封信，你對於信仰的想法是什麼？

4. 幫助你跨越生命困境的力量通常是什麼？

5. 你有信仰嗎？如果有，它在你生命中的意義是？如果你沒有信仰，那麼你是用什麼態度來面對信仰這件事？

第 **4** 封信

「信」 就可以了嗎？

周淑梅

信仰的主要價值，

在於透過信仰，

引導人擁有正向的人生觀，

尋得面對苦難的勇氣與解決困境的智慧。

人生是命中注定的嗎？

　　學測快到了，小明還是天天打球、泡網咖，老神在在地跟死黨小杰打包票說：「我一定會高中的！」小杰好奇地問他為何如此自信，小明得意的說：「因為我媽幫我算過命啊，算命的說我是狀元命，而且今年文昌旺，所以不用念也會考得很好的啦！」不久前才跟朋友到教會去聽福音的小杰，聽了小明這番話，既羨慕又忌妒，忍不住盤算著：「不如我快去受洗，然後禱告祈求耶穌基督為我安排大學之路吧！」此時，班上篤信塔羅牌占卜的小宏打電話來，要小杰明天幫他請假，因為星座占卜顯示小宏明天的運勢不佳，小宏認為自己不宜出門，所以要請假一天，順便在家裡研究上網安太歲來改運。

　　真的會有命中注定，不必讀書就能考很好的事情發生嗎？

　　明朝的時候有一個名叫袁黃的人，在 15 歲的時候遇見一位姓孔的老人，孔先生精通命相之學，他把袁黃的一生會發生的大小諸事、每年的流年運勢，全部推算了出來，包括考試的過程與名次、何時當官和何時辭官，也算出他不會有小孩，以及他將死於 53 歲。起先袁黃還半信半疑，直到考試結果和爲官的一些波折，都如孔先生所說逐一應驗時，袁黃開始相信一切都是命中注定。於是袁黃看淡了一切，一天到晚靜坐禪修，不說話，也不思想，打算任憑命運安排，平平凡凡地度過沒有子嗣的 53 個寒暑。36 歲那年，他到南方拜訪雲谷禪師，禪師對他說：命是天定，運卻是人造的，一個大善或大惡的人是不會照著原定的命運而走的。經過禪師的開悟解說，袁黃改號爲了凡，開始爲改變命運而積極過生活，立志行善，積累功德，並且勇於改過，以求擺脫累世業障的糾纏。之後，了凡果然改變了孔先生所推算的宿命，生下了一個兒子，而且活到了 74 歲。69 歲時，袁了凡把自己破解宿命的一生經歷，寫成了一篇戒子文〈了凡四訓〉，教導他的子孫行善布施、修持積德，創造自己的命運。

　　我們每個人都懷著不同的天賦才能而出生，有些人出生在富貴之家，有些人出生在刻苦的環境，說是人各有「命」也不爲過，但就算真有命中注定這回事，「運」卻可以掌握在自己手中。迷信宿命之說，完全不想努力只想玩樂的小明，如果持續怠惰，或是因此爲非作歹，就算與生俱來的命再好，也會因爲自己一直創造出惡運，而把好命都抵消了！

想要不勞而獲而考慮受洗的小杰又如何呢？

　　《聖經》的〈馬太福音〉中有一段著名的話：「你們祈求就給你們，尋找就尋見，叩門就給你們開門。」這是說你可以藉由禱告尋求神，神會引領你與祂同在，讓祂住在你裡面，當你的人生出現問題與困境時，只要盡自己的全力去做，神便會保佑你。至於事情是否得以成就，則全然交託給神，人不必自尋煩惱。在〈雅各書〉中另有一句話說：「你們求也得不著，是因為你們妄求。」這便是說並不是只要禱告，神就會應許你所有請求，若是憑著自己的欲望隨意貪求，便得不著神的應許。信仰的主要價值，在於透過信仰，引導人擁有正向的人生觀，尋得面對苦難的勇氣與解決困境的智慧，正確的信仰是不會鼓勵人不勞而獲的，小杰的如意算盤只怕打錯了呢！

充滿私欲的追尋就是迷信

　　在科學尚未發達的時候，人們對大自然運轉的道理還不明白，對災難與痛苦不知道該如何是好，所以相信一定有不可思議的神祕力量在操縱一切。透過研究天文星象，在西方發展了塔羅占卜之術，在中國則有易經卜卦之學。而占卜卦象，還必須依賴理性思維，用客觀平靜的心情來解讀卦象的含意，卜卦的結果是要讓人主動把握自己的德行、能力與智慧，擁有更多自信與勇氣來面對挑戰、積極奮鬥。可惜許多人迷信占卜的結果，擔憂發生不幸而心生恐慌，大門不出二

門不邁，或是想要透過花錢消災來保佑平安。

　　曾有位中年婦女淚流滿面地去找證嚴法師，說婆婆要她和先生離婚。原來是因為這婦女以愛為名，穿梭於各種不同的道場，問乩童、卜卦、擲筊，動輒花費數十萬元祭拜改運或做水陸法會，更糟的是她並不富有，錢是標會或是借貸而來，長期下來累積了可觀的負債，她卻還抱著僥倖的心態，認為多求多拜，先生就會賺大錢讓她還債。直到債主上門討債，婆婆和先生才知道她痴愚至此。這時她雖後悔，卻已經太遲了，最後還是以離婚收場。有位墮過胎的女大學生，遇到自稱有法力的男子搭訕，以見到她有嬰靈纏身為由，要求與女學生陰陽合體，驅逐嬰靈。在數次性侵後，還向受害女學生索取法力受損的賠償費。這些看似愚不可及的迷信行為，卻總有當事人深信不疑，再三受騙。

　　其實人是有理性的動物，只要不被欲望左右，就能擁有足夠的洞察力來對付誘惑，不至於產生迷信的行為。前教育部長曾志朗教授曾做過一個大規模的調查，研究「沖太歲」的人有沒有比較倒楣，「安太歲」是不是真的能保平安。他設計了一個「不幸指數」，列舉生活裡可能發生的不順遂因子，例如生病、遭竊、車禍、考試考不好、商店倒閉、失業、收成不好等等，再從警察局、醫院、學校、農委會、勞委會等單位尋找樣本，以統計方式分析學生、商人、工人、農人四種對象的「不幸」與生肖的關連，結果發現是否「沖太歲」

與「不幸」沒有相關性，而沖太歲的人無論是否「安太歲」，不幸指數也都差不多。其實，只要發揮我們的理性想一想，便可以知道這個結果了。因為神明若真有靈，應該是慈悲為懷，不計酬勞地保佑大家健康平安，若是花錢安太歲才被保佑的話，這神明豈不是在收受賄賂嗎？那個想上網安太歲的小宏是否痴迷得有點傻氣呢？

真正的信仰教導人們解脫苦難的智慧。好比佛法的真諦不是告訴人們如何追求功名利祿，而是如何面對不可逃避的世間苦難，告訴世人人生的價值在於以慈悲心奉獻、關懷眾生，感恩惜福以超越生老病死和業報輪迴，從而戰勝苦難，獲得平安與解脫。在《聖經·羅馬書》中則記載著：「就是在患難中也是歡歡喜喜的；因為知道患難生忍耐，忍耐生老練，老練生盼望。」因為患難是人生無可避免的，只要能以歡喜心接受並堅持，就能生出足以度過苦難的信心，培養出戰勝壓力與試探的力量，最終得著生命的盼望。所以正確的信仰可以幫助我們認識人生的限制，追求正確的目標，轉化我們的欲望，使我們能堅強地面對自己的遭遇，並在患難中思索生命的意義，進一步讓我們能從利己心提升到利他的關懷心。迷信則是信仰與欲望結合的產物，是有特定目的的崇拜行為，好像盲目地抱著「有拜有保庇」的心態在追求，祈求財物、愛情、權位、官位、升學、生子。這種受欲望宰制的追尋，不只會讓人產生迷信的行為，有時還會讓人墮入犯罪的深淵。

迷信使人違背自身理性

在日本有一位醫生名叫林郁夫，1947 年，他出生於醫生世家，在日本接受完醫學教育後，到美國留學，歸國後執業行醫，是受過高等教育的知識分子。42 歲的時候，林郁夫開始相信奧姆真理教，一年後辭去了工作，奉獻全部的財產給教團，出家成為教主麻原彰晃的得力助手。在教中，他以醫師的專業，透過注射迷幻藥來控制信徒，並以治療為名，懲治信仰動搖的信徒，甚至曾有削去信徒指紋的行為。1995 年奧姆真理教發動毒氣攻擊事件，在東京地下鐵三線，共五列列車上施放沙林毒氣，造成了 12 人死亡，超過 5510 人受傷。林郁夫是其中一輛列車的毒氣施放者，他後來回憶說，接獲施放毒氣的命令時，他曾十分猶豫，畢竟醫生的天職是救人而不是殺人，雖然幾次都想放棄執行命令，最後還是說服自己，這是為了更崇高的目標而不得不下手。在被捕初期他並不合作，後來才全面交代犯罪事實，指證麻原彰晃，並對自己的作為表示慚愧。

1931 年出生的吉姆瓊斯信仰馬克思主義，他在美國創立了人民聖殿教，在教團中實施與世隔絕的共產生活，要求所有教徒貢獻全部財產給教會，為教會工作，再由教會供給食物、衣服與生活所需，除了瓊斯外，全體教徒均過著清貧的生活。瓊斯聲稱自己是先知，預言世界即將毀滅，還宣稱自己擁有神奇的力量，可以施行神蹟，並且主張教會是個大家

庭，人人都是兄弟姊妹，他則是家庭中的父親。他嚴厲地對待信徒，不論男女老幼犯了任何過錯，均要受懲罰，動輒以皮鞭毆打或是電擊。他禁止信徒未經允許彼此就建立感情，還要求女信徒輪流與他發生性行為。漸漸地，有受不了虐待的信徒開始逃走，逐步揭露了人民聖殿教的內幕。1978 年，在議員奔走干預下，教團面臨崩解危機，瓊斯於是宣告末日已至，帶領當時留下的九百多名信徒，以氰化物和手槍集體自殺。

在過去，人類的生活形態是彼此緊密聯繫。以部落、家庭為依歸的漁獵農牧生活，情感上能彼此分享，相對地責任也互相分擔。漸漸進入資本主義掛帥的工商社會後，人們的生活形態逐漸轉型為個人主義，獨立生活的生存方式，每個人的自由度大幅增加，也付出人際關係淡薄疏離的代價。隨著現代教育的普及，人們清楚地意識到自我的存在，也感受到自我的局限性，加上社會氛圍處處強調自我實現與自我肯定，使得有些人的生活開始變得機械化、體制化、忙碌呆板、孤單且身不由己。這些人漸漸感到生活沒有意義，而且缺乏可以全心投入的目標，沉重的個人責任又形成了龐大的壓力，迫使他們渴望尋找生命的方向與安身立命的歸屬感。在這種尋求依靠的心理需求下，有些人選擇依附於強而有力的權威，有些人則選擇加入信仰團體，藉以在內心產生與他人的聯繫感，希望透過穩定的秩序與明確的架構，可以找到讓自己安心的位置。

　　有些在現實環境中得不到精神依靠的人，雖然物質生活已極為奢華，卻仍不能平撫內心的不安，再加上對家庭的失望與對社會的不滿，激發出反叛舊傳統的改革情緒，若再接觸到宗教神祕經驗的安慰，以及較為激進人士反常觀念的麻醉，很容易沉溺於偏激或頹廢的幻覺或幻象之中。有些新興宗教便是在這種社會背景與文化衝擊中發展出來，以似是而非的教義吸引思想不夠成熟的信徒，即使明知違背自身理性，仍盲目獻身，不理會內心爭戰，就像前面提到的奧姆真理教和人民聖殿教。

正信的宗教充滿慈悲與愛

　　那麼，我們要如何判別一個宗教是不是迷信的宗教，是否值得投入信仰呢？其實很簡單，只要記得：一個正信的宗教必定是以慈悲與愛做為核心概念。

　　正信的宗教不會鼓勵教徒殺人或是自殺；不會灌輸負面的恐懼情緒讓信徒害怕報應，或是以強迫的方式要求信徒奉獻生命財產；不會以恐嚇或暴力的手段來鞏固信徒的信仰，或是以嚴謹的階級組織，控制信徒的心靈與行為；不會提供神祕術數增長信徒的世俗欲望，或是讓信徒以為可以逃脫因果的報應，為惡作亂；不會要求信徒對教主個人盲目地無上崇拜，或是讓教主坐擁至高的權力，對信徒為所欲為。

　　正信的信仰具有教育與文化的功能，能教導信徒理智地思考問題，以宗教哲理讓信徒實踐真善美聖的終極關懷，並

以其文學藝術來豐富人類的精神文化。正信的信仰還會具有社會與經濟的功能，在信仰中彼此分享類似的神聖經驗，凝聚出社會認同感，進而發展道德行為規範；並透過奉獻布施，發揚濟貧扶弱的仁愛精神，在群體中實踐愛與關懷的社會責任。此外，信仰對終極實體的神聖體驗中，可以產生安撫心靈的治療作用，使人們獲得心理上的平衡與精神上的補償，逐漸陶冶出心靈美感的存有感受，進一步激發出積極的態度來面對自己的人生。

1. 不勞而獲真的是好事嗎？

2. 「祭祖拜拜」是「有拜有保庇」嗎？

3. 該怎麼看待算命占卜的結果？

4. 正信的宗教有哪些特質？

5. 我可以從正信的宗教得到哪些啟發？

人為什麼活著？

劉桂光

我們每天所追求生活的價值、人生意義，

其實就是死亡所帶來的，

假若沒有死亡的存在，這一切也就不存在。

因為沒有了死亡，時間就沒有意義了，

人生也將因此而索然無味了！

　　昨天你帶著悲傷與困惑的心情來找我，即使在你父親去世的兩年之後，對生命你仍然存在許多的不解。由於父親的過世，讓母親獨自背負沉重的家計，也讓你必須更加獨立。過去你從未想過的事情，在父親離開之後要被迫開始思索。兩年來，我們談了許多關於死亡的課題，你的反覆質疑從未停止過，甚至對父親的死去有些憤怒與抱怨。但也隨著這樣的深刻討論，你逐漸放下對死亡的恐懼，也開始思考父親的死亡帶給你生命的意義！今天你問我：「人為什麼活著？死掉的人會不會比較好？」這真是個大問題啊！人偶然而生，卻必然會死，活著如果沒有什麼意義與價值，那為什麼要活得如此辛苦呢？

我們從何處來？我們是什麼？我們往何處去？

　　1897 年，在高更的晚年，他畫了一幅名為：「我們從

何處來？我們是什麼？我們往何處去？（Where Do We Come
from? What Are We? Where Are We Going?）」的畫作。這是他
的作品當中，最大、最受矚目的畫作之一，也幾乎是他的遺
囑之作。當時的高更生活困頓，病魔纏身，又傳來心愛女兒
的死訊……，一連串的打擊，讓企圖自殺卻失敗的高更，悲
痛地畫下宏幅巨作。右下角初生的幼兒，中間摘果子的青年，
左邊瀕臨死亡的老婦，後方的一尊雕像舉起雙手，指向死亡
的世界……，表達人類從生到死的命運。人的一生就是這樣
的過程嗎？人死後究竟往哪裡去呢？在生死之間，我們是什
麼樣的一種價值存在呢？死亡之後，又是如何呢？高更的這
幅畫作有給我們答案嗎？

1897 年，油彩・畫布，139 x 374.5 公分，波士頓美術館，波士頓（Boston），美國。

從小你就是個喜歡問爲什麼的孩子吧！對所有的事情好奇。然而，當時的你卻不明白，其實所有的問題歸結到最後，幾乎就是高更這幅畫作所提出的：「我們從何處來？我們是什麼？我們往何處去？」可是，很可能在你還沒能思考到這個層次的時候，你就已經不再問爲什麼了。因爲生活的挑戰、課業的壓力、感情的困擾……，因爲諸般現實人生美好與困頓的迷惑纏繞，讓你逐漸失去生命的本能，忘記思考生命的意義了。如今因爲你遭遇到父親的亡故，讓你不得不去思考這些問題！而你自己也很明白，若不是有此際遇，你恐怕對這樣的問題不屑一顧吧！

不過這也是一般人的常態，人們總是在經歷重大變故與挫折，遭遇生命的生離死別之後，才會認真去思考生命的課題，一如高更創作這幅巨作的背景故事。在日常生活中，我們不會特別去思考生命的意義，我們甚至不會感覺到死亡的存在，又如何會去思考死亡對生命的意義呢？所以就讓我們回到日常生活吧！因爲日常生活就是我們思考生死課題的最佳場所，高更若不是經歷人生的困頓，若不是貧病交加、摯愛亡故，他能不能創作出這幅偉大的作品呢？

沒有死亡的人生

就像你身邊的許多年輕朋友，他們不認爲討論死亡有什麼意義，甚至認爲死就死嘛！何必浪費時間去討論一個我們完全不可能會知道的東西呢？你現在應該比較能了解吧！他

們會這樣想，很可能是因為他們的人生，到目前為止，一路平順、無憂無慮；但也可能是貧乏的、沒有深度的。我們通常是在失去的過程中，才會特別感受死亡的意涵；在苦難的磨練中，才能得到真正的成長，並豐富生命的意義。而生命中最大的失落是死亡，只是你並未深刻地體會到，只要多活一天，身體的功能就失去一天，生命也就更靠近死亡一天。死亡，其實是無所不在的。

佛教流傳一個故事：一位母親死了唯一的兒子，對此她悲痛不已，於是請求佛陀想辦法救她的愛子，讓他死而復生。佛陀告訴她：「只要你能找到一戶人家從未死過人，跟他們要到一株吉祥草，妳的孩子或許還有救。」救子心切的母親，燃起無限的希望，遍訪群村聚落。她挨家挨戶地問：「你們家有死過人嗎？」答案都是肯定的：「有死過人。」終於，她悟出一個道理：「有生，自然就會有死。」這也就告訴我們，談論死亡是一件極為自然的事情。可是，在我們的生活中卻不是如此。大人避談死亡，忌諱與死亡有關的事情。兩年前你父親過世，家人不就有意無意地將你排除在喪事之外，告訴你課業比較重要，把書讀好就可以了嗎？年節期間你要講吉祥話，不能講「死」這個字。公車沒有四號；醫院沒有四樓；甚至連學校的校外教學，都將四車改為 A 車或甲車。……這都是你稍微注意一下就發現到的，整個社會逃避死亡的證據。矛盾的是大部分的人憎惡、逃避面對死亡，卻很輕易地將死亡視為逃避人生挑戰與困境的避難所，說什麼一了百了！這

又該從何說起呢？

如果你被問到：「害怕死亡嗎？」你有什麼樣的反應呢？不怕，是因為你理解死亡嗎？還是你認為你已經超越死亡了呢？當然你也有可能因為父親的死去而不平，直率地說：「我不怕！」那麼假如你害怕死亡，是因為你感受死亡帶來的毀滅，還是因為你對死亡的未知呢？其實不論我們怕不怕死亡，都有一個事實是我們必須清楚確認的，那就是我們每天所追求生活的價值、人生意義，其實就是死亡所帶來的，假若沒有死亡的存在，這一切也就不存在。因為沒有了死亡，時間就沒有意義了，人生也將因此而索然無味了！死亡的存在其實是告訴我們：要努力用心的活著，讓人生可以擁有許多珍貴的、深刻的終極價值！

雖然死亡讓肉體生命成為有限的存在，但是人的良善、慈悲、努力，人的付出關懷與愛心，讓靈性生命變得無限。我們也可以換個角度說，因為生命有限，反而讓我們體會到人擁有的良善、慈悲與關懷；讓我們懂得努力，知道付出並擁有愛心。一位成功的創業家說：「把每一塊錢都當成是最後一塊錢來使用，你會很珍惜每一塊錢，並創造這一塊錢的最大價值！」面對生命亦是如此：把每一天都當成是最後一天來使用，你會很珍惜每一天，並創造這一天的最大價值！父親的死亡，讓你的人生、你的家人，幾乎所有事情都變得不一樣了。你更加把握與母親的相處；你更加重視朋友；珍

惜自己擁有的一切，這些都是因為死亡的存在而有的啊！

　　所以，認識死亡是極為重要的！我知道你仍在反覆地困惑著：「我們又沒有死亡的經驗，憑什麼談論死亡呢？」因為經驗對我們而言，應當是非常重要的！生活中我們經常依靠經驗來做許多的決定，所以會有這樣質疑是正常的。我們確實沒有、也不可能有死亡的經驗。但是，你若因此對死亡這件事完全不關心，甚至根本不相信任何有關死亡的說法與討論，那你將就此錯失讓生命精彩的關鍵密碼！你以為既然不可能有死亡的經驗，那麼一切都是空談，都無法證明是真是假，你甚至可以說：「關於死後的世界，你管得著嗎？」那也好，就讓我們甩掉有沒有死亡經驗的問題，來真正的面對人生吧！

死亡與我無關吧

　　我想提醒你的是：人是唯一知道自己終將死亡的生物，也是唯一有可能超越死亡的生命，這應當具有深刻的意義。而人生在面對死亡這個課題時，恰巧不需要死亡的經驗。死亡對我們最大的意義就在於死亡到臨之前，也就是我們的一生，而不是死亡以及死亡之後。就如同伊比鳩魯說的：「死亡和我們沒有關係，因為只要我們存在一天，死亡就不會來臨，而死亡來臨時，我們也不再存在了。」從這個角度來看，對死亡的恐懼是非理性的。

　　所以，有沒有死亡的經驗根本不重要！我們恐懼的是，

在死亡到臨之時，失去所有可運用的時間，現實生命所有的可能性都消失殆盡，一切的喜怒哀樂、悲歡離合、愛情、友情、親情，甚至於一切的吃喝玩樂，都將成為泡影。但是就像一瓶明天即將到期的鮮奶，若是放在家中的冰箱裡，你會擔心即將過期而趕快將它喝掉；但若是放在超商裡，你卻會因為它即將到期，而選擇購買其他保存期限較長的鮮奶。其中的關鍵就是在時間的限制！由於對時間限制的體認，我們做出最好的處置。

換言之，我們討論死亡真正的關鍵在於如何把握時間，而不在死亡本身。在死亡到臨前，我們有多少時間？我們又如何運用這些時間？要消除對死亡的恐懼，最好的方法就是善用你所能擁有的時間，讓生命隨時處在盡力、用心的狀態，那麼即使有限的客觀生命必然會死，掌握主觀生命的我們也將毫無遺憾。

然而，即便道理是如此簡單，我們卻常常不能深刻體認，不能用心面對。〈蘭亭集序〉中提到：「人生在世，經歷各種生活與境遇，時而歡喜自樂地忘了時間的流逝，時而憂愁悲傷地感慨人生的無奈。然而當生活不斷流轉、生命不斷流逝，在死亡到臨之前我們能留住什麼，我們能把握住什麼？何況死亡何時會來，我們完全無法掌握，想到這裡，難道不令人感到痛心嗎？」即使是一群飽讀詩書之人，想到人事的一切，不論是志得意滿、歡喜快意；不論是失敗挫折、困頓

失意，都終將因為死亡而幻滅，也不免感傷悲慟。這不就是我們平常對死亡的看法嗎？我們對死亡的恐懼，不就是因為死亡會帶走現實生活的一切嗎？

把握現在，超越死亡

96 歲的楊絳，在《走到人生邊上》一書說：「我站在人生邊上，向後看，是要探索人生的價值。人活一輩子，鍛鍊了一輩子，總會有或多或少的成績，能有成績，就是不虛此世了。向前看呢？再往前去就離開人世了。」我們實在不知道我們的一輩子有多長？然而，人是有「價值感」、有「意義感」的生命存在，我們要面對的問題應該不是我們可以活多久？而是我們活著的時候，能展現出多少的價值，能有多少的意義。而既然我們不知道可以活多久，不知道死亡何時會來，那麼我們唯一能做的就是把握每一個現在，為生命創造不同凡響的價值，一旦把握住當下的時間，才有可能主動地規畫未來！你看到人們有限的生命卻可以成就許多永恆的價值，就可以證明人是可以超越死亡的。

在道家老子的喪禮上，他的老朋友秦失來祭拜他，沒想到他只哭了幾聲就出來了！老子的學生對秦失這樣的行徑感到很困惑，就去追問他說：「你不是我們老師的好朋友嗎？你這樣隨隨便便地祭拜他，不是太過分了嗎？」沒想到秦失卻回答：「原先我以為你們都是他的學生，現在看來，你們似乎不太有資格做他的學生吧！你們這些人對生死根本認識

不清，把你們老師的死看成莫大的失落與悲傷，像是死了親人一樣哭得如此傷心，這是不懂得天理，而做出違反自然的事啊！你們會這樣地違背天理，恐怕是忘記了自己所稟受的生命自然，並非這個軀體所能代表的吧！你們老師偶然地來到世間，這是應時而生；又偶然地離開世間，這是順命而去。如果你們懂得安於這樣的時機、順應這樣的變化，那麼對於你們老師的死，就不會如此想不開了。」（《莊子・養生主》）

死亡確實是天地萬物的生命常態，你的身體是生命的部分，卻不是生命的全部。因此你父親的死亡，只是身體的殞落，卻未必是生命的消失。在許多你想念的當下，父親是與你同在的。而在許多你悔恨、懊惱、傷懷、歡樂、甜蜜的時刻，父親也與你同在，只要體認到死亡對生命的意義其實不是毀滅，而是一種深刻的督促，督促你認真看待自己的生命，督促你活出生命的精彩，那麼死亡就在我們踏實的生活中，被我們超越了。

1. 如果醫生告訴你，你的壽命只剩六個月，你會害怕嗎？你是害怕死亡；還是擔心你只剩六個月可活？這兩者有什麼差別呢？

2. 承上題，如果你還有六年，或者六十年的壽命呢？你的態度一定有所不同吧！這樣的轉變除了時間延長之外，還有什麼原因是值得我們去思考與面對的呢？

3. 有人生命很長，卻一事無成；短命如顏淵、如周大觀，卻讓生命發光發熱。生命的意義顯然不在長度，那麼生命的意義是什麼呢？如何讓生命具有寬度與價值呢？

4. 人生什麼時候死才會沒有遺憾？如果還沒有活到這個時間就死去，你如何處理人生的遺憾？如果任何時候死亡都會有遺憾，那麼我們又該如何面對人生呢？

5. 「人有能力去理解死亡的存在」，這對人而言是具有特別意義的，你如何從這個特別的意義來面對自己的生活呢？

小時候偷東西，

長大飆車強盜，

真是精采的一生

第 **6** 封信

你怕死嗎？

何軒盛

人生好比旅程，死亡則是終點，

若對終點一無所知，

就好像旅人不知道目的地，

因而無法決定行程與方向。

對生命終點的一切認知或信念，

都會影響我們現在的人生觀與生活態度。

　　前清華大學校長劉炯朗教授在一次校園演講中，分享了一段故事：如果有一天，「你躺在棺材中，你最喜歡聽到以下哪個人說的話？甲說：「躺在棺材中的人，是一位品學兼優的好學生，也是師長與親朋好友眼中的有為青年。」乙說：「躺在棺材中的人，無論在文學、藝術與科學，得過無數獎項的青年，是才華洋溢的才子，可惜英年早逝。」丙說：「躺在棺材中的人，唉！他還會動啊！」

　　若問我喜歡哪一個人的話，我一定選「丙」，因為我還年輕，不想那麼早死！

人是向死的存在

　　「神鬼傳奇3：龍皇帝木乃伊」電影中，秦始皇有一段話：「我統一了天下，打敗所有敵人，現在只剩下一位敵人，就是『死神』。」秦始皇最熱衷於長生不老，但不論他如何

努力，最後仍須一死。每個人最終都會死亡，這是普遍現象，無法避免，也很難預期自己的死亡日期。有人將生命譬喻為一直向前駛的火車，只要一上車，就一直往前行，無法回頭，這是生命的不可逆，這期間唯一不同的是，每個人下車的地點可能不一樣。美國著名的〈獨立宣言〉，開頭即謂：「上帝造人，生而平等。」這是怎樣的平等？就生命的觀點來看，就是每個人都會死，這就是平等。每個人最後都會走向人生終點，也因此，德國哲學家海德格曾說：「人是向死的存在。」

未知生，焉知死

孔子的弟子季路曾問孔子「何謂死」，孔子說：「未知生，焉知死。」我們知道孔子是非常有智慧的，絕不會拒談死，因為這是每一個人都會碰到的問題，也無法迴避，因此「未知生，焉知死」，可以這樣闡述：人怎麼生活，就怎麼死去；要怎麼死去，就必須先怎麼生活。希望「死而無憾」，就必須努力「生而無悔」；若活得不清不楚、醉生夢死，很可能就會死得倉皇失措。

就時間的觀點而言，生命是連貫的，今天的我是很多昨天的我所形成。同樣的，今天的我影響明天的我。

《哈利波特：阿茲卡班的逃犯》，其中有一段劇情，妙麗在鄧不利多校長提示下，將沙漏翻轉了三次，讓時間倒回三小時，一同與哈利波特回到「過去」，成功營救了巴嘴與天狼星的性命。在所有科幻的題材中，若有時光機情節時，

導演總是會安排回到「過去」，在「過去」中改變生命中的某些元素，當再回到「現在」時，會發現與出發時的「現在」產生不一樣的情景，因為「過去」的元素改變了，同時影響了現在，這是生命的連貫性。生命同時具有不可逆性，目前的科學無法回到過去，但是，以「未來」角度來看，「現在」是未來的「過去」，我們現在的一言一行，都會影響「未來」我的形成，因此，要想善終的前提，就是要有善生，每一天過得充實、有意義，若讓每一天能「無悔」的活，到了生命終點也能無悔，累積很多無悔生活，就比較能死而無憾。

從孔子「未知生，焉知死」的說法，我們試著從另一角度看：「未知死，焉知生」，那又是怎樣的生命觀點？從「未知死，焉知生」來說，我們對死亡的看法會影響我們對待生命的態度。人生好比某種旅程，死亡則是終點，若對終點一無所知，就彷彿旅人不知道目的地，因而無法決定行程與方向。若計畫要到南北極這種寒冷的地方旅遊，我們就要好好準備禦寒衣物；若計畫要到炎熱的赤道附近旅遊，我們就得準備好防曬物品。所以，對生命終點的一切認知或信念，都會影響我們現在的人生觀與生活態度。

死是什麼？人類問這個問題已問了好幾千年，世界各大宗教的教義也都定義「死亡」，但截至目前為止，沒有一個人死了以後，再活過來向大家描述死後世界，也沒有一種描述是大家普遍能接受的現象。不過，研究瀕臨死亡經驗者，

有一共同現象，這些瀕臨死亡者「返回人間」後的生活變得感激生命、接納自我、關懷他人、尊重生命、具使命感、無懼死亡。認為死亡不足懼，死亡只是一扇門，推開此門，生命仍以另一種形式存在於宇宙間。

或許過了幾千年，活著的人們還是不知道死是什麼？不過，我們卻可以從很多瀕死經驗案例中，找到自己的人生觀與生活態度，只要讓自己的心更加開放，不要忌諱談「死」這個議題，你就可以做到。

「服務的愛」可以讓我們「生而無悔」

一般而言，因為疾病、衰老的死亡，親人比較容易接受，因為這合乎自然法則；因意外事故死亡，親人也勉強能接受，畢竟這是無法抗拒的。最令人難以承受的就是自殺，不但不合乎人類延續生命的自然法則，更不符合周遭親人的期待。

自殺者被視為是生命中的逃避者，自殺者以為可以一死了之，卻不知這是棄親人於不顧的自私行為，因為所有的責備與譴責都會移轉到自殺者親人身上。親人不僅會因此被冠上沒有好好照顧自殺者的罪名，也會因失去死者這位摯愛，陷入悲傷與痛苦的深淵。

有一則寓言故事說：有位年輕人常覺得生命非常苦，於是他向智者求助，如何能避苦。智者就要年輕人在一杯水中加入一把粗鹽，並一口喝光。年輕人依指示照辦了，他將水

一口喝光後，大呼「好鹹好鹹的水」！智者又指示，將一把粗鹽放在清澈寬闊湖水中，當智者指示年輕人喝一口湖水時，年輕人發現，他幾乎喝不出粗鹽的鹹味。

智者微笑說：「問題不在鹽，而是容器。你必須讓容器變得更大才行。」

生命是由歡樂、喜悅、苦難與挫折……拼湊而成，少了其中一項就如拼圖缺了一角，是不完整的生命。我們無法避免苦難與挫折，但可以使它變「淡」──如何使它變淡呢？我的經驗告訴我，就是付出愛的服務。

「服務」可以讓生命的「容器」變大，可以使鹽（挫折與苦難）變淡，因為在服務過程中，你的付出使你走出自己狹窄的範圍，你服務的愛讓你成為世界的一部分，那麼自身的問題，自然無法填滿如此大的世界空間。我們的挫折與苦難不會消失，唯有在服務時，世界才可能變大，你又可以發現這世界比我們想像的還要大，同時也使我們的生命因有了愛而更加亮麗，讓人覺得此生無悔。

「坦然面對死亡」可以讓我們「人生逍遙」

沒有人知道自己的生命終點在哪一天、哪一刻會到來？也沒有人會自認短命！但是每天卻有不同年齡、身分、職業的人，突然地離世。雖然理論上，年紀稍大的人較先接觸死亡的課題，但實際上每個人卻都有不可預測的未來，「無常」

總比「明天」先到，何不趁現在一切安好、思路清晰的時候，早日寫下自己的想法？

　　預立遺囑內容可以包括：回顧（回顧人生重大轉折、特殊事蹟、難忘事蹟）、家話（對摯愛的親人所要叮嚀的真心話、祝福、感謝或懺悔）、心願（已完成或尚未完成的理想與抱負）、交代（需要親友代辦的事宜，例如鑰匙及相關密碼、存摺印章、心愛物品安置）、人生哲學觀（待人接物的道理，自己成功的語錄），最後也可以包括是否器官捐贈與安寧緩和醫療。

　　經過一年又一年的書寫預立遺囑，一次又一次地去感覺死亡來臨，若能對自己的身後事有清楚交代，可以讓人死而無憾。這些預立遺囑內容，同時可以治癒愛我們的親人，讓他們早日走出悲痛。

　　莊子於〈逍遙遊〉中說：北海有條魚，它的名字叫做鯤。鯤體型非常巨大，有幾千里大；當鯤變化成為鳥時，名字叫做鵬，鵬的背部寬闊，有幾千里長。大鵬奮起高飛時，雙翅展開有如天邊的雲，水面會被激起三千里波濤，牠拍起翅膀盤旋而上，能飛到九萬里的高空中，非常壯觀。你看，大鵬在空中飛翔是何等逍遙啊！

　　這故事給我的啟示是，人成長的可能性。起初是靠水才能生存的魚，後來轉變為只要有空氣即可生存的大鵬鳥。大

鵬離開水的有形限制後，是那麼逍遙。鯤之所以不如大鵬逍遙，是因為有了水的有形限制，那我們人類有形的限制是什麼？就是避談死，以為一談到死就會倒大楣。當我們坦然面對死亡，就能突破這限制，人生變得更加逍遙，如同大鵬鳥一般突破水的有形限制，能在天地間逍遙自在。

從「善生」到「善終」

人難免一死，但生到死之間，如何能「善生」到「善終」，每一個的生命經驗不同，本封信主要在闡述的是，「善生」是要勇敢面對「挫折與苦難」，不要做出自我傷害的事情，我們可以用服務展現大愛，以服務呼喚生命價值。以服務展現大愛時，世界可以變得更大；當生命的容器變大，可以使生命更加多彩多姿。我們也可以去了解「瀕死經驗」相關文獻，從這文獻中試著了解死亡議題，從中找到自己無悔生命態度，使自己生命無憾。

親愛的朋友，未來是現在的累積，這種生命的連貫性，告訴我們要將每一天當最後一天，努力生活；「無常」常比「明天」先來臨，可以嘗試用「預立遺囑」了解旅途終點，如此在我們臨終時不會慌亂與不安，這就是善終。

從莊子的〈逍遙遊〉故事中，我們知道生命可以蛻變成長，可以突破限制，也就是我們可以面對死亡，可以談論死亡。突破忌諱談死亡的限制，我們就可以如大鵬鳥般的逍遙。

問題思考

1. 試著找一位親近的人，向他（她）述說你的「預立遺囑」內容？

2. 如果可以回到「過去」，你最想做什麼事？這件事代表的意義是什麼？

3. 如何能「生而無悔」又能「死而無憾」？有沒有具體的作法？

4. 若還有一天的壽命，在這最後一天，你最想見誰？想對他（她）說什麼？

5. 試著想想看，自殺身亡者會留給親好們怎樣的情緒與生活樣貌？

6. 若這一生即將結束，想一想你如何「道謝」、「道歉」、「道愛」、「道別」？

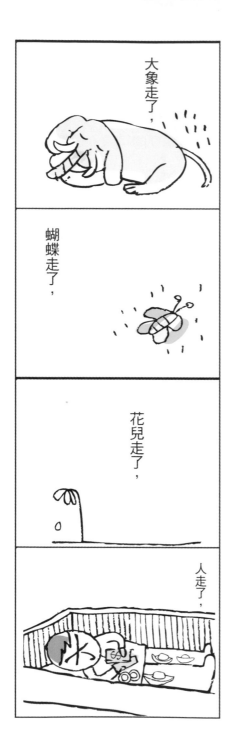

大象走了，

蝴蝶走了，

花兒走了，

人走了，

第 7 封信

勇敢談戀愛

陳炯堯

愛情是非常美好的事物，

為什麼它又為我們帶來這麼多的痛苦？

到底是誰的錯呢？

浪漫指向美好

　　還記得嗎？一年前，你滿懷興奮卻又略帶靦腆地與我分享「那個人」。當時的你雖然尚處於暗戀的階段，但是對愛情已經充滿了憧憬，談起他來總是眉飛色舞、滔滔不絕。我曾問過你：「愛他嗎？渴望他嗎？」你狂烈地點頭，我又問你：「這股渴望像什麼？像你愛爬山嗎？像你愛看電影嗎？像你愛家中的小狗嗎？像你愛好不容易得到的手機嗎？還是像你愛在海邊吹著風凝望著夕陽？」你想了好一會兒後，搖頭說：「不像這些，因為我不只想接近他、了解他、看著他，我也渴望他能同樣地接近我、了解我、看著我。我相信自己會因為有他而活得更快樂、更美好，並且也希望他能因為有我而活得更快樂、更美好。」你這番話真的令人好感動：僅透過幾次偶然的浪漫觸動，你便看到了彼此成就對方更美好生命的可能性。不像有些人的戀情，只想著「擁有」與「占據」。

看到某位異性可愛、漂亮、性感,便死命地去追求,用自己刻意ㄍㄧㄥ出來的瀟灑與溫柔,來換取對方的承諾與付出。彼此之間所交流的,只是生理上欲望的滿足與精神上脆弱的依靠,忽略成就彼此更美好的生命!於是我懷著無比祝福的心,目送你進入這段美好的旅程。

衝突引發痛苦

半年後,你滿臉通紅、情緒激動地對著我抱怨父母,因為他們武斷地論斷你的他!你義憤填膺地說:「他們憑什麼批評他?他們不像我這樣與他長期相處,如何能確切地了解他到底有多棒?又如何能知道他到底對我有多好?對我有多重要?」我回問你:「所以你覺得你的父母完全沒有資格評論他對不對?」你幾近聲嘶力竭地吼道:「對,他們完全沒有資格這樣做!」唉,那時你的情緒正處於極端激動之中,而且我也很同意你所謂「父母根本不了解你的他」的說法,所以除了陪伴之外並未勸你什麼。

但是仔細想一想,你的父母當真沒有能力與立場來評論你的他嗎?你的父母確實不了解他(甚至可能完全不認識),但是卻非常清楚自己的孩子。你與他之間的所有甜蜜與美好,父母無法參與,自然也無法評論,但是父母可以很清楚地觀察到你談戀愛後的言行轉變。如果你談戀愛後,變得比以前不負責任(如功課急遽下降、不遵守家庭與學校規範、生活事務常常草率處理),或者人際關係變得很差(與父母產生

口角的次數增加、經常被朋友謔爲「見色忘友」），那麼你的父母自然有資格評論你「交到了壞情人」，因爲——你整個人都變得更糟了！所以，到底是誰讓他被評論爲壞情人呢？到底是誰讓你的美好愛情被視爲糟糕透頂的衝動呢？不就是你自己嗎？不就是因爲你談戀愛後所表現出來的外在轉變與愛情美好的本質起衝突嗎？你忘了嗎？你認爲愛情是非常美好的事物，可以爲你倆成就更美好的生命！既然如此，那它又怎會爲你倆帶來這麼多不美好的轉變呢？是別人的錯嗎？是愛情的錯嗎？或者，其實是你倆的錯呢？

分手不忘初衷

前幾天，你哭紅著雙眼來找我，你說你與他已經分手了，原因是「個性不合」，而且「他有了新歡」。你咬牙切齒、握緊拳頭，任由眼淚自怒睜的雙眸滑落，訴說他的種種不是與被背叛的諸多痛苦。我非常訝異自你眼中所流露出來的滿腔恨意！那麼浪漫美好的開始，怎會變質成此時此地如此強烈的負面情緒呢？你哽咽地說：「他曾承諾過要愛我一輩子的！他是個大騙子！」我能深切地了解你的感受，因爲我也曾爲此痛苦掙扎了六年之久。但是，我仍要提醒你：「不忘初衷！」記得嗎？當初你是基於希望他能因有你而更快樂、更美好，才與他相戀；如今你已不是那個能成就他生命更美好的人了，你難道不應該因爲愛他而祝福他嗎？愛情並沒有所謂的對錯，一切重點只在於真假。彼此感情若爲真，無論誰對誰錯都是甜蜜的；彼此感情若爲假，就算爭得全對又豈

是你真正想要的？

　　愛情不是交易，所有的付出皆出於自由意志，而且絕非為了要對方還回什麼代價（對方的付出也是基於同樣的立場），一切的美好與回饋皆在付出的當下完成。所以他當初真的想愛你一輩子的心在當下已經成全，如今時空轉換後，他向你坦誠不再愛你也非故意違約，真誠不欺騙的態度反而才是不違背愛的本質。從頭到尾坦誠相待，以愛開始，以愛結束，在祝福他之後，反芻這段感情所帶來的成長，然後兩人都以「比以前更棒的狀態」踏上新的路程，這正是完美愛情的另一種姿態。

向上提升能力

　　今天你又來找我，落寞地問我：「是否年輕人真的不適合談戀愛——因為總不能白頭到老？」其實適不適合談戀愛，與年齡沒有關係。事實上，許多成年人都不應該談戀愛。為什麼？因為這並非年齡的問題，而是能力的問題！只要是沒辦法把愛情的美好生命談出來的人，都沒能力談愛情！對於談戀愛也都該暫時抱持比較保守、謹慎的態度才好。愛情是人生中非常珍貴的寶物，我們一定要認真地對待它，所以每個想談戀愛的人都必須先具備以下四種能力：

一、確認愛情本質的能力：

　　雖然我無法在此將愛情所有的特質為你深入地剖析，不過可以先做一個雖籠統卻完整的釐清，就是：愛情對生命而

言，是一項極其美好的存在（如果不美好，就該遠離它，而非追求它；如果只有一點點美好，那便是可有可無的東西，絕對不需要爲它朝思暮想、輾轉難眠），既然是一項極其美好的存在，便該爲我們帶來極其美好的轉變，使我們整個生命都因之而變得更加美好！所以，在戀愛的過程中要隨時檢視自己與情人的轉變，因爲美好的愛情勢必會讓我們更加成長，而透過我們的成長，也能反過來更加印證愛情具備極其美好的本質。

二、了解自己的能力：

你了解自己嗎？如果我們不真的了解自己，又如何確認自己是真的愛著別人呢？我在高中時期有一個非常要好的女友，兩人在一起將近三年，過程中也有許多意亂情迷與纏綿悱惻，但是我始終被一個問題困擾著：我對女友的感覺到底是愛情？還是欲望？年輕的我，對自己還在一知半解的探索階段，理智常隨著情緒不斷地反反覆覆，最後這段感情在始終不確定的陰影下結束了。分手兩年後，我經過一番努力，比較了解自己後，這個疑惑也才終於有了明確的答案。不過，真的好可惜！由於對自己的不了解，以致讓自己的感情蒙上陰影，進而錯失了展現愛情美好本質的機會。我對於自己沒有把握時間，向對方表達明確的愛意而深感遺憾！因此，所有嚮往愛情的人都應該時時刻刻反省自己與記錄自己。因爲透過反省可以檢視自己，透過記錄可以與自己對話，如此一來，才有了解自己的可能。

三、了解情人的能力：

你有沒有這樣的經驗——生活中總有一些自以為愛我們的人，非常努力地在做一些他們認為對我們好的事，但卻只是讓我們覺得厭煩與束縛，絲毫感受不到他們的愛意？而使他們的言行與他們的愛意產生衝突的原因，就在於他們不了解我們！同樣地，如果我們不具備了解情人的能力，便無法明確、恰當地表達我們的愛意，也就無法讓這份愛情展現它美好的本質。

我在石碇的老家是充滿人情味的地方，有一年大拜拜，我帶著幾個好友回鄉參與。那些朋友受到非常熱情的招待，但在離開的公車上，卻向我表明下次再也不敢來了！為什麼呢？因為他們一下車，便受邀在一戶親戚家坐下，吃了滿桌子的菜，尤其鄉親都有養的火雞，更是切得大塊無比，以表好客的誠意，而他們也吃得既開心又感動！但是接下來家家戶戶都要求他們造訪，而且也都是滿桌子的菜，以及一大盤切得大塊無比的火雞肉！到最後一家時，尚未招待到客人的另兩家鄉親，為了怕客人跑掉，竟把自家的菜端到這一家的桌上，然後三戶主人站在桌旁，盯著客人務必品嘗自家的菜！這便是他們雖然很感動，卻不敢再造訪的原因。你希望自己表達出來的愛意像這一盤又一盤切得大塊無比的火雞肉嗎？

所以談戀愛的人除了要有了解自己的能力之外，也要有了解情人的能力。透過細心的觀察與設身處地的尊重，才能

好好地看清自己的情人，進而才能懂得如何與他共同展現愛情極其美好的本質。

四、擁有真誠追求愛情的勇氣：

沒錯，談戀愛還需要非常堅定的勇氣！但可千萬別誤認為這是指為了追求愛情而拋棄學業、遠離朋友或與父母決裂的行為，因為前面已經釐清這些行為都是與愛情的本質相違背的了。這裡所謂的勇氣是指：為了成就美好的愛情，能勇敢地分析自己的缺點、了解自己的矛盾，進而勇敢地修正自己的缺點、統整自己的矛盾。其實所謂展現愛情美好的本質，與了解、尊重情人的生命、成就彼此的自我實現，都必須建立在了解自己的基礎之上。因為唯有在真確地了解自己之後，還能勇敢地選擇奮力修正自己、超拔自己的人，才有可能讓自己的生命因為愛而愈來愈好，也讓情人的生命因為自己既真誠又勇敢的愛而愈來愈好，並透過兩人愈來愈好的生命，印證愛情美好的本質。

但是想一想，這是一件多麼不容易的事啊？要能理智地剖析自己已屬困難，遑論剖析後還要面對自己的缺點與矛盾了，至於面對缺點與矛盾後還必須再奮力修正與超拔，則更是難上加難啊！當我們因為情緒傷人而懊悔時，有勇氣去道歉認錯嗎？當我們凌晨精疲力竭地掛在網路上，心想著好累與該關電腦時，有按下關機鍵的意志力嗎？當我們明知道聲嘶力竭與張牙舞爪的姿態，其實只是突顯我們心靈脆弱不堪

時，有勇氣在受辱後坦承自己的自卑，並收起鬥雞般的武裝姿態嗎？難啊，真的非常難啊！只是，有價值的事物都必須透過吃苦才能成就其價值；愈有價值的事物，愈需要努力吃苦才能呈現。而愛情既然是極其美好的事物，自然便需要極其艱困的努力才能成就，所以，談戀愛需要非常堅定的勇氣！

勇敢擁抱愛情

在經歷這次挫折之後，希望你能開始努力培養愛人的能力，而不是從此對愛情卻步。人生而孤獨，想要消除這份天生的孤獨唯有透過愛，而在所有的愛之中，愛情又是非常重要的一環，因為它既是親情的根源，又是友情的深化。所以，投注你的生命熱情去談一場真真實實的戀愛吧！祝福你與你的情人都能經由自我生命的成長，來印證愛情極其美好的本質！

問題思考

1. 你認為愛情是美好的嗎？

2. 你認為因愛情而產生的諸多改變是美好的嗎？

3. 你同意愛情的本質是自由嗎？

4. 你了解自己、了解情人嗎？

5. 你有勇氣探索與面對自己的缺點，並進一步去修正它嗎？

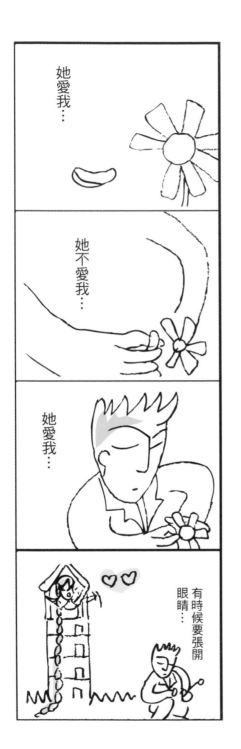

青澀的
愛情性福嗎？
——「性福」的必要條件

劉心儀

你認為女性要胸大、細腰、翹臀才美，

男性必須強壯、勇猛、持久、有力嗎？

「性」是否只要有「高潮」就完美？

我是這樣長大的

　　某天清晨，家中電話響起，無預期的鈴聲聽來特別急促而焦躁，電話的另一頭，果然傳來一位父親焦慮又無助的聲音：「你是高中老師，你說說看，說說看，現在的年輕人真的都這樣嗎？」被問得一頭霧水，不明究裡的我，弄清楚狀況後才明白，原來身為單親爸爸的這位友人，在得知高二的女兒交了男朋友後，一直很擔心她被愛情沖昏了頭，就糊里糊塗地獻了身，想談談，卻又不知如何啓齒，最後只期待女兒至少別因為發生了性關係而懷孕，所以當天特別一大清早起床，煞費苦心地將買來的保險套放在鞋櫃上，等待女兒出門。覺得自己已經是個相當開明的爸爸坐在沙發上，若無其事地佯裝看報紙，好不容易等到女兒在玄關穿鞋時，他小心翼翼地說：「寶貝，把鞋櫃上的東西帶著吧，要懂得保護自己！」沒想到女兒拿起保險套瞧了一瞧，從容地回答一句：

「爸，這個牌子不好用，下次別再買了。」聽到這樣的回應，他赫然發現自己完全跟不上女兒成長的步伐，驚訝的從沙發上一屁股跌坐到地上，想故作鎮定，卻不能控制自己，趕緊催促女兒出門後，立刻打電話給我，希望藉由談話來緩和女兒帶給他的震撼教育。

另一次在課堂上與學生們討論性別議題時，一位男同學大方的分享他學習性知識的成長經驗，不意外的，同學們的狀況都很類似，這些大人不能說的祕密，每個人從小就只能自我摸索。這位同學說他從「小三」就開始看成人影片（旁邊的同學 OS：唉，輸了！輸了！），機緣是由於家裡第四台的情色頻道沒有鎖碼，電視裡傳來令人臉紅心跳的畫面與聲音，在好奇心的驅使下，趁爸媽不在家，想一探究竟，轉來一看，不但發現很好看，而且還看得血脈賁張，爾後只要一個人在家獨處時，就不自覺的想看，每每看到隱微的鑰匙開門聲傳來，才趕快作罷。這麼一看，就是一年多，直到有天看得太專心，沒有察覺父母親入門，才被發現。

我問這位同學：「那時候，你爸媽的反應是什麼？」這位同學說：「我媽很生氣，把我毒打了一頓，而且一個多月都不跟我講話。」不過後面冷不防接了一句令人噴飯的話：「可是我爸很高興。」（全班哄堂大笑）我繼續追問他：「那你爸媽之後有沒有跟你討論，他們為什麼很生氣或很高興呢？」同學邊搖頭邊回答：「到現在我還是不明白，每一個人還不

是都看？有需要這麼大驚小怪，生這麼大的氣嗎？而且我也不知道我爸有什麼好得意。」

這兩個真實的笑話令人莞爾，不過它也反映了幾個困境：首先，我要幫現代的爸媽說句話（被你猜中了，我也是所謂「現代爸媽」其中之一），這個時代的父母在引導孩子成長的路途上，的確是遭遇許多困難，尤其是關於「性」這檔事。身為五、六年級生的爸媽，在自己還是學生的時期，國中健康教育的第十四、十五章（性生理的部分），老師是跳過不教的，所以女生誤以為衛生棉的背膠該貼在「自己身上」，男生自慰害怕自己「精盡人亡」的荒謬事蹟，都是我們這一代共同的成長記憶，你們父母親對性的認識，是在神祕、隱晦甚至是覺得骯髒的氛圍下形塑而來，直到自己有了性經驗或走入婚姻關係之後，才知道自己過去對性的態度實在不是很健康。

然而，等到你們英俊挺拔、亭亭玉立之時，雖然父母親已經比較了解性是怎麼一回事，但是為人父母者，關心保護子女的焦急，讓他們忘了應該將心思花在引導你們正確的認識性與愛，會比防堵你們交男女朋友或發生性關係來得更重要。況且要父母親與你們談論這麼私密又大膽的話題，就彷彿將他丟在一個全然陌生的環境裡，自己卻從來沒有學過社交禮儀那樣的不自在。所以當我的女學生告訴我，她媽媽教導她性教育的方式，就是播放某女星被輪暴的影片給她看，

恫嚇她「自己的行為要多檢點，不然下場就是如此」時，我除了感嘆這個母親用心十足，方法卻糟糕透頂，懊惱她為何不明白這樣的動作只會使女兒對「性」及「男性」產生恐懼與敵意外，全然沒有其他的裨益，但是心中不免也油然升起幾分對家長的心疼。還記得有一句廣告台詞是這麼說的：「我是在當了爸爸之後，才開始學習怎麼當爸爸的。」要成為成功的親職的確是每個父母最沉重而甜蜜的功課，需要學習也需要時間，如果你能從這個向度來理解父母的不足與限制，就比較容易體諒他們，在面對各位交友之時，所採取一些不甚理智的舉措與行為。

普遍卻扭曲的性觀念

不過，做爸媽的到底在擔心什麼？有那麼嚴重嗎？是的，不容懷疑！你們所面臨的挑戰並不比我們當年輕鬆。身體的發育與衝動，已然宣告你具備性能力也有性需求，但是由於整個社會結構的變遷、飲食的西化，身體成熟的年齡提早到 11、12 歲，而社會年齡的成熟卻往往延到 30 歲以後，這使得你有能力享受性所帶來的愉悅，卻沒有能力承擔隨之而來的義務與責任，我們在這近 20 年的落差之中該如何自處？是不是該漠視欲望的聲音？壓抑身體的感受？很弔詭的是，在校園之中，性話題卻又是同學們時時談論的焦點。

在男性同儕中，與女友發生性關係常被視為是一種「得點」，而女性若沒有被要求發生親密行為，就會被標示為「沒

有魅力」；性關係的建立被視爲有沒有「把」到女朋友的標的，或女性真心「愛」男朋友的證明，再加上媒體與社會的氛圍大多是講求「性高潮」也鼓勵「性解放」，如果誰還堅守「婚前不能發生性行爲」的貞節牌坊，大概只會贏得噓聲四起吧！除此之外，比起以往，現在有更多元的管道可以認識性，舉凡書籍、媒體、網路、視聽媒材，多得不勝枚舉，但是相對而言，更大的困難卻是有沒有篩選正確資訊、識讀媒體或分辨真實與虛幻的能力。舉例來說，我們每天看的綜藝節目，爲什麼介紹女星出場時，一定要先特寫胸部或大腿？3C賣場、電玩展、車展以及廣告單張都有身材火辣、穿著清涼又吸睛的 show girl，廠商賣的是產品還是女性的胴體？A片中的男優爲什麼可以一做就兩個小時，還可以表演特技，究竟是他天賦異稟還是你有問題？長期浸淫在這些似是而非資訊下的你，會不會對「女性胸大細腰翹臀才美」、男性要「強壯、勇猛、持久、有力」的價值產生懷疑？「性」真的只要「高潮」就完美？還是我們可以有其他更好的選擇？

性可以更美好

　　性是動物原始的本能及欲望，爲了種族的繁衍，時序到了，自然就有交尾的行爲，但是人與其他動物不同的是，人從事性活動，絕大多數不是爲了生育，而是爲了享樂。既然我們從事性活動是爲了愉悅與快樂，那麼什麼樣的性，可以帶給人最大的幸福感呢？我可以毫不猶豫的回答：「有愛的性」。這個聽來很老套的標準答案，我們可以仔細地分析看

看，是不是有道理。

　　性行為可以簡單地歸類為「DIY 的性活動」、「與他者無愛的性」或「與他者有愛的性」。「DIY 的性活動」俗稱為「自慰」，我戲稱它為「精緻手工業」，於己有抒解欲望的益處又與人無傷，只要不沉溺，其實是社會年齡尚未成熟者不錯的選擇。不過與他者發生關係和自慰很不同，由於這樣的行為會牽涉到另外一個人（囿限於篇幅，在此不討論不同物種間的性行為），所以我們對它就會有好壞與否的評價。我們可以跟一個全然陌生的人發生性關係，例如「性交易」或「一夜情」，當然這也說明了性可以在完全沒有愛情的成分下發生，這種性關係的確可以得到生理上的刺激與滿足，甚至上癮，但說穿了，那個他者和你都只是彼此洩欲的工具，又何來「情」字可言？「有愛的性」則不同，它的目標不以展現高超的性技巧或達到性高潮為目的，而是相愛的兩個人以這樣的親密，互相委身、溝通情感，彼此間是完全的託付、堅定的信任與無私的奉獻，將愛情中的體貼、尊重與包容以身體的交融來實踐，達到靈肉合一的圓滿，即便表現不好，也都會是兩人祕密花園中值得珍藏的甜蜜。

做情欲與身體的主人

　　如此說來，「有愛的性」就可以十全十美了嗎？其實不然，除了愛情之外，還需要某些客觀條件的配合。每學期都有女同學跑來問我：

「老師，我昨天跟男朋友那個，會不會懷孕啊？」

「你們有避孕嗎？」

「沒有。」

「為什麼？」

「一方面來不及，一方面我男朋友也不想。」

「那你現在一定很緊張吧？」

「我今天緊張到腦袋一片空白，模擬考還沒考完，就趕快來找你……」

　　上述的情境，相信是許多年輕學子性經驗的寫照，在意亂情迷之時，經不起欲望的誘惑，激情過後又懊悔緊張不已。「性」有單向進行的特性，由牽手、擁吻、愛撫到器官交合，其中帶來的刺激非常吸引人，所以往往進展得特別迅速，許多人一旦發生了性關係，就停止了情感的經營，只專注於探索彼此的身體，若再加上社會年齡尚未成熟，擔心懷孕或被爸媽譴責，兩人間的焦慮與互相指責反而使青澀的愛情遭受極大的挑戰，年輕人得來不易的緣分也常因此無疾而終，殊為可惜。

　　其實我們可以從容的經營一輩子最重要的幸福——「性」與「愛」，在人格獨立、經濟自主、感情成熟、甚至有穩定婚姻關係的情形下，可以毫無後顧之憂的享受魚水之歡，又何需急於一時，讓自己在窘迫的環境下，喪失體驗人生最美經驗的機會呢？在適合的時間和適合的人一起，「性」會是

兩性關係中很美的部分，然而，「性」不能用來證明「愛」；相反地，它會使「愛」受到不少考驗，如果爲了迎合對方而強迫自己發生性關係，你會變得無法專注、難以付出也難以接受。若能珍視自己的愛情與性行爲，在價值紛亂的時代裡，仍舊能夠謹慎的思考、審慎的抉擇、不隨波逐流，才正是「身體與情欲自主」的真義。你的青春只有一次，若要讓它很美也很棒，你會做出什麼樣的選擇呢？

1. 你喜歡自己的身體嗎？每天請花一些時間，與身體對話，聆聽身體的聲音。

2. 你怎麼看待自己的性欲望？如何滿足自己的性需求？請將它書寫下來，並想想看這些觀念從何而來，請仔細審視這些價值的好壞。

3. 當你的親密愛人對性的看法和你不一致時，你會怎麼做？愛情會不會因為兩人對性的態度不同而受到傷害？

4. 你認為性福的充分條件有哪些？

5. 你對同居或試婚有什麼看法？

和孩子一起看電視，偶爾也會有困擾⋯

媽，他們為什麼睡覺不穿衣服？

嗯⋯

天氣太熱，他們家裏沒冷氣⋯

第 9 封信

我們結婚吧？！

林菌菌

婚姻生活如同樂器演奏，

每一種樂器都有其獨特的音色，

如果各彈各的曲調，

固然可分別彈奏出優美的旋律，

但你絕對會錯過那種只屬於交響曲的和諧與美妙。

終身大事

　　去年暑假，我受邀參加一群畢業學生的同學會。自從她們高職畢業以後，已多年不見。雖然大家仍稚氣猶存，但已比當年學生時期成熟許多。大家你一句、我一句：「結婚了嗎？」「幾個孩子了？」真是好不熱鬧！那天美琪的出現，成了全場矚目的焦點，她一手牽著步履蹣跚的兒子，另一手推著有些笨重的娃娃車，大家見了都圍過來幫忙，逗弄娃娃車裡的小寶寶。從美琪臉上洋溢的母愛光輝，可得知她過得忙碌而充實。

　　其中一位學生尋尋湊過來，突然問大家說：「妳們還記得小珠嗎？就是高一就懷孕休學的那位！她已經是三個孩子的媽了！」大家一陣騷動，莫不嘖嘖稱奇。尋尋繼續又說：「哪像我，都快拉警報了，還嫁不出去。我媽怕我工作忙，缺少

交友的機會，整天找人幫我作媒。都什麼時代了？還作媒？！我覺得順其自然啦！一切都要靠緣分！」

歡歡是唯一攜伴參加的，有男友體貼呵護，挺令人羨慕。這對熱戀中的情侶，沉浸在兩人的世界裡！我笑問：「什麼時候要請大家喝喜酒呢？」他們倆互看了一眼，甜蜜地回答：「可能是年底吧！」

思思在一旁不發一語，若有所思，我想起她在高二時的一場家庭變革，父母決定以離婚結束永無休止的爭吵，她倒覺得鬆了一口氣，再也不用承受扮演夾心餅乾的壓力了。「沒帶男朋友來？」我將她從沉思中拉回來，她搖搖頭，苦笑著說：「老師，我不想結婚耶！結婚其實是累贅，我看過太多不幸的婚姻，我不想成為下一個婚姻的受害者！一個人不是也挺好的嗎？我可以過我想過的生活，做我想做的事，而不會受到婚姻的束縛！」

「對呀，所以要張大眼睛呀！」班長也加入我們的對話。她一向思考縝密，善體人意，學生時就是老師們的得力助手，這次同學會就是她一手籌劃的。「像我也是暫時不會結婚，我剛取得證照，也許工作一陣子之後，還會繼續進修。結婚的事，我也不排斥啦！不過一定要兩人看對眼才行，我不會為結婚而結婚！我是寧缺勿濫，單身也不錯！」覓覓插嘴說：「那當然！一定要看對眼！像我就好羨慕別人穿婚紗的樣子，真期待有這麼一天，我的 Mr. Right 就出現在我的面前！」歡

歡：「要穿禮服還不簡單？那就邀請妳來當我的伴娘，妳的願望不就達成了！」班長：「你該不會為了穿婚紗而結婚吧！」覓覓：「怎麼會呢？！結婚可是很神聖的事！我怎麼會拿一輩子的幸福當兒戲呢？」

就這樣，在眾美女的七嘴八舌中，結束了今天的盛會。參加學生的同學會真是一種享受，我喜歡當個聽眾，聽他們訴說成長的故事。

你是屬於哪一型？

也許你對婚姻充滿憧憬，夢想有一天白馬王子或白雪公主會出現在你面前，與你一同步向紅毯的另一端；或許你也和我的學生思思一樣，對婚姻失望而卻步，拒絕進入婚姻的枷鎖。我可以感受到現今多數適婚年齡的男女，面對婚姻的態度是「既期待，又怕受傷害」。由於社會的變遷，以及離婚率逐年攀升，使得青年男女面對自己的婚姻時，格外謹慎，晚婚的現象相當普遍，讓家長頗為憂心。然而，你可曾思索：到底人為什麼要結婚？婚姻的意義又是什麼呢？

我曾經在課堂上請學生寫下「想要結婚的理由」，學生列出的理由五花八門，有人說結婚是想要有穩定的生活，想組成一個家庭，有安全感；也有人說是因為喜歡小孩，想為人父母；有的是因為彼此相愛，想要和對方共度一生，彼此得到心靈寄託，彼此承諾，相互扶持到老；有的從比較實際層面來考量，認為結婚後可以多一份薪水，多個幫手做家事、

照顧父母；也有從法律的角度來看，結婚使夫妻及孩子有名分、有保障、有繼承權；有的則說結婚是為了合法的性愛，是為了傳宗接代。

不過，也有人提出，可能因為不得已而結婚，像是已達適婚年齡，在長輩的壓力下而結婚；或因未婚懷孕，奉兒女之命結婚。另外，也有人列出另類的結婚理由，例如企業、政治的聯姻，或為了脫離父母的掌控而結婚，有的則是為了夢幻的婚禮而結婚等。

你呢？你會為何而婚？你對婚姻的期待又是什麼？也許你覺得你還年輕，現在談結婚還太早。不過，能早一點思考終身大事，也是很重要的！我看到一般年輕人對婚姻抱持的態度，大致有四種類型，你是屬於下列哪一型呢？

A 懵懂型

這類型的年輕人對異性充滿好奇，對婚姻懵懵懂懂，有些甚至還沒做好心理準備，就當了小爸爸、小媽媽，只好奉兒女之命結婚。

B 期待型

這類型的年輕人對婚姻充滿了幻想與期待，期待完美的另一半出現，以為只要兩人相愛，婚後就過著幸福美滿的日子。

C 謹慎型

　　這類型的年輕人因為看到許多不幸的婚姻，使得他們在選擇另一半時，格外地小心謹慎，他們對婚姻抱持的態度是寧缺勿濫。

D 排斥型

　　這類型的年輕人對婚姻充滿敵意與排斥，不相信會有幸福的婚姻。

婚姻的幻象與變奏

　　在傳統的西洋童話故事裡，常常以「從此王子和公主過著幸福快樂的日子」作為故事結尾，但這呈現的只是婚姻的幻象，往往讓人誤以為只要兩人相愛，結婚以後，自然就幸福美滿，其實不然。在現代版的童話故事，王子與公主的婚禮應該只是故事的開端。迪士尼的卡通「灰姑娘續集」，演的正是灰姑娘如何去面對婚後柴米油鹽的生活，頗能反應婚姻的實況。年輕人若在婚前對婚姻認識不清，容易產生不當的期待，也容易造成不幸福的婚姻，甚至以離婚收場。我見過最短的婚姻只維持了三個月，婚前的憧憬很快地就化為泡影。我們必須體認，童話故事中完美的婚姻，在現實中並不存在，婚姻生活存在著許多問題需要解決，這需要時間調適與學習。

　　莫言是我多年前的學生，她和一位初次見面的男生發生

了性關係而懷孕。爸爸揚言要和她斷絕父女關係，媽媽礙於輿論的壓力，希望趕快把她嫁過去。在爸媽逼婚之下，莫言只好休學，無奈地嫁給了那位即將去當兵的「陌生人」。有一天，我接到莫言的電話，我還記得那是母親節的前幾天，她對我訴說婚後的種種。先生去當兵，她和孩子與公婆同住，對從未離開家的莫言，婆家的環境讓她感覺既生疏又寂寞。莫言好想再回到學校讀書，可是要照顧寶寶，又沒有經濟來源，做什麼都要向公婆伸手，很痛苦！莫言說，她和爸爸的關係降到冰點，讓她感到非常難過。我勸她多打電話回家，也提醒她要寄母親卡給媽媽。

　　許多年輕人尚未思索婚姻的意義，便由於性好奇，而面臨奉子成婚的窘境，他們也為自己的行為付出了沉重的代價。在你身旁，有沒有像莫言這樣的朋友，他們過得好嗎？

　　我的另一位學生婉晴，她的爸爸是公司裡的小主管，經常到各地出差。媽媽是標準的家庭主婦，不但要照顧婉晴，還要服侍中風十多年的阿嬤。婉晴自從上高中以後，就很少見到爸爸，後來才知道爸爸和別的女人另築愛巢。爸爸偶爾會回來探望中風的阿嬤，她很少看到爸媽爭吵，但是媽媽經常暗自哭泣。她想起小時候全家和樂融融的景象，爸爸還被誇獎是最標準的丈夫呢，怎麼會在結婚二十年後，撇下家人不管了呢？在婉晴高三那年，爸爸向媽媽提出離婚的要求，媽媽傷心地說：「如果那女人真的愛你，那麼，也要將婆婆

接去一起照顧。」結果，爸爸竟然決定將阿嬤送進安養院。婉晴的媽媽於心不忍，請他們不要將阿嬤送進安養院，就留給她照顧吧！婉晴爸媽的事，早就驚動了親戚朋友，紛紛和她的爸爸長談，希望能挽回這搖搖欲墜的婚姻。婉晴也邀請爸爸參加她的畢業典禮，她問爸爸，多久沒有參加她學校的活動了？多久沒有和全家人共進晚餐了？她更大的心願是期待爸爸能夠回家，期待能再度擁有一個完整的家。那天，看到爸爸出現在畢業典禮，淚水不禁在眼眶裡打轉。婉晴不確定是什麼原因使爸爸結束了這段婚外情，不過，她相信是家族和親情的力量讓爸爸回心轉意。

婚姻是一輩子的承諾

在這離婚率高漲的世代，有的人寧願單身一輩子，有的人只願和相愛的人同居過日子，而不願結婚。但為什麼大部分的人還是選擇走進婚姻呢？到底婚姻的意義與功能是什麼呢？有人戲稱是「昏」了頭才要結婚。中國古代社會將婚姻視為兩個家族的結合。許多學者認為婚姻是一種親密的社會關係，提供一個子女照顧的庇護所，是一種民事契約，是兩人一輩子的承諾。也有心理學家提出「愛的三角形」理論，認為完整的愛包含三個元素：激情、親密和承諾。兩人如果沒有愛，婚姻很難長期維繫，唯有以愛為基礎，兩顆心相互歸屬，相互扶持，才能長長久久。

你聽過晏子愛「老」婆的故事嗎？晏子是春秋時代齊景

公的宰相，有一次，齊景公到晏子家作客，晏子設宴款待，齊景公看到晏子的老婆，便問：「那是你的夫人嗎？」晏子回答：「是啊！」齊景公說：「你的夫人怎麼長得又老又醜呢？寡人有一個女兒，既年輕又漂亮，就將她許配給你吧！」晏子立刻恭敬地回答：「內人雖然現在又老又醜，不過她是從年輕貌美的時候就和我生活在一起了。當年她將她的青春託付給我，我也接受了她的託付，從年輕貌美託付到人老珠黃。因此，國君給我的賞賜，我不敢接受，這樣會讓晏嬰違背了對內人的承諾。」晏子信守承諾，與妻子終生恩愛。

你有沒有參加過婚禮？你注意到結婚誓詞的內容嗎？在西方的婚禮中，常聽到一段耳熟能詳的誓詞：「無論貧富、健康、疾病，永遠相愛、相互扶持。」這是新人對幸福婚姻的期許與承諾，在牧師的見證下，一句「我願意」，約定了終身。在台灣現代的佛化婚禮中，也會宣讀一段類似的結婚誓詞，不過，內容由兩人擴大為兩個家族，誓詞是這樣寫的：「婚姻不只是兩個人的結合，也是兩個家庭的結合，今後願意把對方的父母視作自己的父母，把對方的手足視作自己的手足。……願意以真誠、實在、柔軟的語言相互溝通、相互對待。」

有人認為結婚證書只不過是一張紙，只能約束對方的人，又不能綁住對方的心，結不結婚又有何妨？婚姻組成家庭，而家庭是社會的基石。雖然有人認為婚姻是束縛，但從另一

個角度來看，婚姻也提供了保障，是一種約束的力量，有助於社會秩序的維持，對孩子的成長，更具有深遠的影響。

婚姻交響曲

常聽老一輩的師長規勸年輕朋友：「結婚前，要張大眼睛；結婚後，要睜一眼、閉一眼。」意思是提醒未婚男女，婚前擇偶要謹慎而理智，婚後則多看彼此的優點，少看缺點。影星梁朝偉在接受專訪時被問到，他和劉嘉玲在一起二十年之後才步入禮堂，到底結不結婚有什麼不一樣？他說，婚後最大的不同在於：「多一份名份，多一份承諾；少一些堅持，多一些讓步！」

婚姻生活需要彼此溝通與協調，如同樂器演奏，每一種樂器都有其獨特的音色，如果各彈各的曲調，固然可分別彈奏出優美的旋律，但你絕對會錯過那種只屬於交響曲的和諧與美妙。中國人祝福新婚夫妻有琴瑟合鳴的妙喻，如何與另一半以及家人合奏出和諧的婚姻交響曲，的確是一門大學問。

1. 你對婚姻充滿期待嗎？還是對婚姻充滿恐懼呢？為什麼？

2. 男女朋友與夫妻關係有什麼不同呢？

3. 你認為「婚姻是一輩子的承諾」嗎？

4. 夫妻在婚姻中應扮演什麼角色？

5. 如何才能維繫幸福的婚姻？

第 10 封信

天使與魔鬼

林麗雲

人生的每個當下，

都在面對抉擇；

期待做出事後無悔的抉擇，

必須慎重而正確地思考。

什麼才是正確的思考呢？

　　記得兒子念小學時，有一點兒苦惱地告訴我：「面對一件必須選擇的事情時，我總得心裡有天使與魔鬼在激烈地交戰著：一個說：去做吧，別管那麼多了；另一個卻說：不可以，那是不對的。真叫人傷透腦筋啊！」

　　想必你也會如此吧！因為人們時時刻刻都面臨著選擇，有些選擇關係個人的未來以及事業、婚姻的成敗；有些選擇與道德有關，影響自己的人格與心靈。無論如何，選擇當下都必須慎重思考。

心中的天使與魔鬼

　　當你看報紙或電視時，是否注意到被捕的嫌疑犯，往往以任何他能拿到的東西遮住臉？為什麼他要那樣做呢？

　　孟子以為人之所以跟禽獸不同，在於人有仁義禮智，也

就是人對他人的不幸，有惻隱同情之心；對自己的過錯有羞恥感，也憎惡他人的惡行；需要被尊重，也願尊重禮讓他人；面對事情，能分辨是非對錯。即使作惡多端的人也具有這樣的本能，因此犯錯後，他們面對鎂光燈或他人的眼光時，要把自己的顏面遮蓋起來。

你是否體會到，做該做的事，可讓自己開懷一整天？並不是因為別人感激自己，也不是因為那有什麼了不起，而是那合乎本心，感覺自己的行為與心靈全然合一，生命達到一種難以言喻的美妙境地，那正是人與生俱來的道德感。

不過也許你曾經質疑所謂的性善論，因為如果人性是善的，何以會做出法律所不容的壞事呢？其實孟子只是強調人有與生俱來的善端，這善端就像種子，需要埋入土中，有陽光、空氣、水等條件，才能長大、茁壯、開花、結果。人的善性經由修養的功夫才實現。或許你也有這種經驗：明知該去做的，卻不做；明知不該做的，又偏偏去做；做了不該做的事之後，內心不斷地譴責自己。可見人清楚知道是非對錯，但卻有某種惡的力量拉扯著人，使人不做該做的，反倒做出不該做的。

那個惡的力量是什麼呢？包含許多方面，可能是情欲受外物吸引誘惑，意志軟弱，無法抵擋。例如大學生因為渴望擁有最拉風的摩托車，最新穎時髦的手機，世界級名牌手提包，定價幾十萬的名牌時裝，於是偷竊或行搶；因女生拒絕

當自己的女朋友，情人提出分手，企圖挽留，談判不成，而動手傷害或殺死情人。欲望強烈到使他無法理性思考，做出明智的抉擇。

那也可能是起因於種種偏見，例如種族、性別、學歷、職業等，這些偏見來自社會大眾習焉不察的成見。例如若有性工作者控告知名大學教授性騷擾，有誰會相信她的指控呢？這都是因偏見產生的誤解或謬誤。

以前我曾經對孔子所言「躬自厚而薄責於人」深感不解，為什麼不能公平地評斷他人與自己呢？後來我才了解，孔子早知人們最善於諂媚自己，總把最高的褒美之詞送給自己，卻不容易發現他人的好處，即使看見了也吝於肯定別人，嚴以律人，寬以待己。因此必須大大逆轉，正是《聖經》所說：「為什麼看見你弟兄眼中有刺，卻不想自己眼中有梁木呢？」（馬太福音七章1～3節）清明、公平地看待人事物實在不容易。

校園裡的公德問題

我常跟學生說：「你的成績如何，老師不會太過苛責，只要你自己滿意就可以了。就像計程車司機賺錢一樣，如果你想多賺點錢，願意開更長的時間，或提升服務品質，那很好。如果你認為賺這樣就夠了，想要早點兒打烊，多些休閒娛樂，那也沒什麼不可以。可是，你的掃地區域一定要掃乾淨，要盡自己的責任；你要尊重別人的空間使用權，不要在

教室高聲喧嘩。你身邊的環境要照顧乾淨。你們常說愛學校，愛不是張口說說便是，要拿出具體行動來啊！」

但是非常汗顏地，每天到學校看早自習、午休，我經常做的是撿垃圾，垃圾筒周圍滿有溢出來的垃圾，講臺上是飛落四處的粉筆，孩子們拿走奶茶之後剩下的塑膠袋隨處可見，考試下課時試題紙便隨風飛舞。

籃球場、排球場上遺落的飲料、礦泉水瓶子四處可見，甚至連臭兮兮的運動服也能撿到好幾件。沿路走在校園中，樹下、路旁、走廊，都可以看見飲料罐子、塑膠袋。

學生隨手放置垃圾的心理很單純，只是圖個人方便，無須拿著垃圾費時尋找垃圾筒。沒有好好掃地，因為忙著念書或跑社團，無暇顧及；在教室大聲喧嘩，只是開心忘情地分享自己的心情。然而這是做為教室或校園一分子的小小義務，它意味著自己願意享權利、盡義務、負責任，能顧念他人的需要。這般小義務看來容易，何以校園中的同學做不到？簡言之，知行能否合一？這是我們一輩子的修行！

為什麼要道德呢？

行某些道德原則，必須壓抑自己的欲望，有所犧牲。順著人的欲望為所欲為，豈不是令人舒服暢快？為何人要自討苦吃呢？

道德來自人類社會的需要，它規範了人與人之間合理的

對待，讓人懂得彼此合作，使人類可以生存。因為大部分人都謹守道德規範，不會無故傷害他人，我們才能放心地在世界移動，不致擔憂遭害。

就積極意義而言，任何人都需要別人的善意與關懷，生活才能圓滿。多年前，兒子考完國中基測，我們兩人到歐洲自助旅行。許多景點與旅館，除了看當地的地圖尋找之外，都是靠著路人熱心的指點才找到的。某一天當我們來到佛羅倫斯時，按著地圖，兒子確定我們要住的旅館就在百花大教堂後面，但是他轉來轉去，就是找不到。我站在一家皮革服飾店外看顧著行李等待，店內的男店員跑出來招呼我，問我有何需要，為我查地圖。我們兩人拖著行李疲倦地走在街頭，問店家，問路人，他們都專注地聽，努力地想，但還是不知道旅館所在。後來一位路過的女士一聽，告訴我們：「我知道。它就在這附近，只是它在死巷裡，連當地人都不容易找到。」她幫忙拖著行李，帶我們到旅館，道聲再會才離去。

生活在同一塊土地上，我們如同一個身體般彼此休戚相關，如果這個社會上充滿樂於助人的人，那麼我們在危急無助時，就不必擔憂求救無門，而陷入困境。

然而，我們是否見義就該勇為？見人有難不計後果出手相助，如江湖俠客？例如有人在銀行被搶，銀行行員及其他顧客因考慮個人安危而袖手旁觀，使歹徒得手之後從容離去；目睹一對男女在路上行走，突然車上下來幾位彪形大漢把他

們兩人架上車，其他路人都深受驚嚇，卻不敢作出任何反應。這都不違背道德原則，因一般人既無武器，亦無武力，如何能冒著生命的危險去制止歹徒呢？若有人敢出手制伏歹徒，那真是英雄的偉大行徑，要大加表揚了，因為那是超義務道德。

不過若眼見他人發生車禍，躺臥路上，不敢將他送醫急救，也不肯打個電話叫救護車，或者上述搶匪得手後，旁觀者不肯打電話報警，就有違道德義務了。

去幫助別人可能被反咬一口？若怕惹上麻煩，至少可以趕緊撥個電話報警。在經濟蕭條的時代，當社會上許多人陷入經濟困境時，他們的死活難道與我們無關嗎？擁有較優經濟狀況的人若只顧自己的享受，無視於社會上其他人的困苦，那麼當大量人民窮途末路，飢餓受寒，身心不安，接著社會便動蕩暴躁，將衝擊治安，那住高級住宅、穿名牌的富裕之家亦不得安寧。經濟優勢者是否宜發揮更高的道德心，協助弱勢求得溫飽？是故，凡人謹守基本道德義務，不危害他人，造一己之福；能力強者實踐超義務道德，造福千人、萬人，間接也是造福自己。藉由道德實踐營造我好、你好、大家都好的安定世界，該是道德的宗旨。

如何思考與抉擇？

人生的每個當下，我們都在面對抉擇；期待做出事後無悔的抉擇，必須慎重而正確地思考。但是何謂正確的思考呢？

羅秉祥教授主張，正確的道德思考當憑藉三個座標：相關事實、道德規範與世界觀。

　　所謂相關事實係為：1. 發生了什麼事實？2. 聚焦於與道德判斷相關的事實；3. 所謂事實，指已發生的及合理可預見的結果。道德思考時必須以相關事實為依據，偏離事實就會產生錯誤判斷。

　　道德規範是人心中衡量是非的一把尺，我們很難找到普世皆同意的尺，但是有很多道德準則是古往今來多數人的共識，如：慈悲、誠實、公平、正義、不傷害、不偷盜、不可殺人等，試由此建立核心價值作為衡量的尺。

　　世界觀乃人對人生、宇宙的全盤理解，是人判斷道德時的思想基礎。不同的世界觀價值取向就不同，因此，我們宜博學問，慎思辨，增廣見聞，真誠體悟，建立健全的世界觀。

　　總之，道德思考當聚焦於相關事實，建立道德判準與世界觀，不斷努力，道德思考當日漸圓熟。人知道應該怎麼做，與能不能實踐往往有距離，孔子到七十歲才從心所欲不踰矩，可見「意志」實踐「知」的確不易。是故，致力於圓熟的道德思考是道德的第一道淬鍊，勇於實踐則是道德的終極淬鍊，也就是驅逐心中的魔鬼，讓天使長駐我心！

1. 你覺得自己的心中有善根嗎？

2. 你有時常反省自己、修正自己，以期讓自己更好嗎？

3. 你有困難無法解決時，希望有人能協助你嗎？當別人有困難無法解決時，如果有能力，你願意協助他嗎？

4. 你曾對自己的抉擇感到懊悔嗎？為什麼呢？

5. 你認真實踐心中所認同的道德嗎？

建立正確的
價值觀

李玉美

「做最好的自己」就是按照自己設定的目標，

充實地學習、工作和生活，

並且始終順著自己選擇的道路，

做一個快樂的、永遠追逐興趣

並能發掘出自身潛能的人。

鄭良對於王瑩決定跟他分手憤憤不平，「我對她全心全意，她怎麼可以跟我分手？」「既然跟我在一起，當然就不應該再隨便和其他同學聊天、開玩笑！」鄭良決定今天要跟王瑩進行最後談判，他握著美工刀，心想：「如果她還是要分手，那就一起同歸於盡，我得不到的，別人也別想⋯⋯。」

陳紅接到學校電話，得知兒子小奇在風紀股長的便當裡放瀉藥，害同學腹瀉無法上學。在趕往學校的途中，她自問：「小奇雖然平日脾氣不好，但還不至於會做出害人的事，他到底怎麼了？以後該怎麼辦？」事後，雖然獲得對方家長的原諒，但小奇仍認為：「風紀太機車了，管得太嚴格，一定要給他吃點苦頭，報復一下。」這種報復傷害對方的想法，讓陳紅很擔心小奇的人際關係以及解決問題的能力。

價值崩壞的年代？！

「孩子，你到底怎麼了？為什麼會有這些想法？怎麼會做出這樣的事？」許多家長、老師會有這些疑問。年輕的你對於這些事情的看法又是如何呢？

你也許在想：處在現今亂象不斷，功利主義盛行，人們追逐名利、權勢的社會環境，看著許多人利欲薰心，不思努力，只想一步登天，甚至採取脅迫、強奪等方式，不擇手段地只求達成目的。你也許也看著周遭許多人羨慕富人擁有的財富，卻沒有看到他們的努力與克勤克儉；看到醫生財源滾滾，卻沒有看到他們成長過程的用功求學、長時間的工作及巨大的壓力；追逐偶像，只看到他們光鮮的外表與耀眼的聲勢，卻忽略了他們在成名過程的苦練及付出。

另一方面，媒體不斷地向你們的父母傳播：如果孩子擁有「快樂的童年」，以後就成為「沒有競爭力的中年」，並且注定成為「悲哀的老年」。於是你們的家長只好早早從你們進入幼稚園時期，就開始將你們送到各種才藝班、補習班，扭曲了讀書原本在於充實自己並對社會有貢獻的快樂，以為讀書是為了考試，而進明星學校才是最高榮譽及前途的保證，年輕的你們只好無奈地被安排。

至於傳統的節儉、勤奮、誠信、禮讓等美德，雖然不斷地被師長所提示，但可能被認為是 LKK、落伍、不合時代潮

流，甚至被年輕的你們所摒棄。於是人我之間的美好對待，無法適當地傳承給年輕的一代，社會呈現的是舊社會價值系統崩壞，而新價值還未完全建立的狀態。

傅佩榮教授認為價值觀的尚未定型，並非只有年輕人感到困擾，而是整個時代的共同處境。學者們在探究社會現象時，就認為現代社會是一個「後現代社會」。而所謂的「後現代」，最主要的特徵就是「價值歸零」。何謂價值歸零呢？原來我們每個人從小開始，在家庭、學校及社會中，都會接受一系列的價值，包括真偽、善惡、美醜、是非、好壞等。但是，隨著現代化的步調，在多元、開放、自由的媒體與資訊的渲染之下，人們很快就發覺：以前學習那一系列既定的價值，其實是相對的、可變的，甚至是沒有必要的。

的確，社會解嚴、教育鬆綁後，在一片強調多元、創新價值的現代社會，確實已呈現了許多令人欣喜的改變，但諸如：「愛不到，死給你看」、「女兒譏笑父親：我援交賺的錢比你多」、「資優生燒炭自殺」等校園怪象，常常出現在社會新聞。這些究竟表示了什麼？背後支持的價值系統又如何？在情感關係裡、在親子關係中、在自我對待上，現代青年是用什麼尺度對應，又是抱持著如何的價值觀？

青年時期的重要任務

青年期是多采多姿的人生發展階段，美國芝加哥大學教授哈維赫斯特（R. J. Havighurst）即提出，6 到 18 歲青少年有

九項重要的發展任務：接納自己身體、發展適當人際關係、情緒獨立、經濟獨立、選擇及準備職業、符合社會期望、表現負責任、爲婚姻家庭作準備，以及建立價值體系。可見一個人的品格、道德、價值觀的陶冶，青少年期是相當重要的發展與奠基階段。

　　吳靜吉博士引用耶魯大學心理學家李文遜（D. J. Levinson）的研究，認爲 17 歲到 33 歲的青年期有四個大夢：人生價值、良師益友、終身志業和愛的尋求。這四個大夢的形成，將決定青少年將來會成爲怎樣的人。而人生價值爲四個大夢之首，就是每個人對自己成爲怎樣的人的一種期望，這是對於生命目標的決定，而這種決定與個人對自己的了解，將影響他未來的方向。因此要協助青年「尋求人生的價值」，首先應先了解青年對各方面的不滿足，協助青年用積極的態度來面對問題，再由解決問題中肯定自我，並在實踐中體驗自身存在的意義。

　　在現實生活裡，高中生的你已經開始有抽象思考的能力，不再需要藉由具體的事物才能形成思考；並且洞察能力增加，逐漸地質疑過去自己的價值觀。可是需要面對的生活課題則有：課業學習，類組科系、社團活動、宗教信仰、朋友伙伴等各種多變的選擇，面對可變、無一定論的價值系統時，自然會出現無所遵循而脫序的結果。你是否想過，這時所該依循的究竟是什麼？通常從周遭的世間萬象、人生百態，可能

就會成爲一個人思考和判斷的素材。某些人、事、物，會使我們由衷敬重，但也有一些人、事、物則會招致我們鄙夷或怨恨。在這些不同的反應背後，所隱藏看不見的準繩，就是我們的價值觀。價值觀引導我們在複雜的情境中做出選擇，決定我們的行爲方式，影響我們對於是非對錯、輕重緩急的判斷，主導我們對自己置身的現實做出回應。

正確價值觀的建立

每個人的價值觀是每天都在無形中進行著形塑的過程，因此，不同的人會擁有不同的價值觀。當然，人與人之間有些價值觀是共通的，如：負責、勇敢，有些則是相互衝突的，如：有些人重視物質生活，有些人強調簡約的生活態度。儘管不同腦袋裡的價值觀可能大相逕庭，但人們各自不同的人生經歷、生命感悟乃至生活際遇，無不受到各自價值觀的深刻影響。

價值觀是指導所有態度和行爲的根本要素，有了正確價值觀的指引，才可以更完善自己的人格，端正自己的人生態度。擁有正確的價值觀意味著，一個人可以在大是大非的問題上做出正確的抉擇，意味著他有道德、講誠信、負責任，是值得信賴、值得託付的人。一般家長對於年輕人在富有創意、勇於表現、外語能力強、資訊能力好、各種才藝佳的方面是深具信心的。但同樣地，對於年輕孩子們不能吃苦、挫折忍受度低、不尊重師長、學習動力低落、不認真讀書……，

則是深深地憂心著。

發展心理學家 Harriet Heath, PH. D. 在《給孩子正確的價值觀》一書中建議父母傳承價值觀給孩子的步驟：

1. 找出你的價值觀。

2. 明瞭它們對你的意義。

3. 依照你的價值觀行事。

4. 以你的孩子能明瞭的方式示範你的價值觀給他們看。

5. 知道孩子應該具有什麼價值觀，以及他們能實踐到什麼程度。

6. 明白要建立一套價值觀，孩子要經過哪些階段。

7. 能抓住最恰當的時機傳授這些價值觀。

因此，我也建議你們必須先找出你最看重的究竟是什麼？試著做做看，以下的活動也許可以幫助你找到現階段，你認為最重要的價值。

首先，請寫出 10 至 20 個自己認為重要的價值，如「善良」、「勇敢」、「堅強」、「快樂」、「自由」、「創造」、「平等」、「勤奮」、「正直」等，並將每個價值分別寫在小卡片上。這些價值應該大都是被每個人認同、喜歡的特質，可是你知道哪一項價值才是你個人認為最重要，並且是不可或缺的呢？

現在開始，你要進行一項為自己的冒險活動。請將你寫在卡片上的價值觀，逐步地放棄一些對你來說優先順序較低

的卡片。當你手中只剩下三、四張小卡片時，會發生無論放棄哪一張都非常難以抉擇，甚至必須忍受內心的掙扎⋯⋯。

這是一個有名的心理學實驗，它被用來說明每個人心中都有一些自己最珍惜、最難以割捨的價值及行為原則。再看看你手中剩下最後的卡片，那些你難以放棄的，通常就說明了你所看重的核心價值，也是你心靈安適、安身立命的根源。這些重要價值觀，將會像經濟學家亞當・斯密（Adam Smith）說的「看不見的手」，它在不知不覺之中，往往就決定了我們選擇如何面對生活，以及用什麼樣的方式度過一生。

看看我們周遭的人們，有的人最嚮往擁有健康的生活和美滿的家庭，因此，「愛」和「健康」一定是他們的價值觀中最重要的核心價值；有的人喜歡一切具有創造力的事物，他們努力突破框架，嘗試全新的方式，所以「創新」應該是他們最為珍視的核心價值；崇尚無拘無束的生活方式的人，將是以「自由」為核心價值；而對唯美主義者來說，「美」也將是他們心中無上的核心價值⋯⋯。

年輕人，藉著上述方法找到了自己認為最重要的價值觀，試著深層地了解它們對自己的意義，然後在日常生活中具體地實踐這些價值，並且隨時檢視自己與外在環境的適配程度，它們也將會成為你未來最珍貴的行事依歸。

我們在評價一個人是否成功，通常不只觀察他的成就、

熱情、毅力、理想、執行能力、溝通能力等因素，還要看他是否擁有正確的價值觀。一個人如果擁有正確的價值觀，那麼，他愈具有才華，他對社會的貢獻也就愈大；反之，如果他的價值觀是扭曲的、邪惡的，那麼，他對社會的危害也就愈大。年輕人，你的價值觀又是如何呢？

結語

　　一個人想要獲得成功，就必須先擁有正確的價值觀。因為價值觀是我們行事的基礎，或可說是我們日常行為的準則，無時無刻不在左右著我們，但我們通常察覺不到它的存在。對於成功的定義，首先，我們要勇敢地挑戰社會上通常的評價標準──「一元化」，也就是，在學校只看重成績表現，而無視於其他方面的表現；進入社會後則只看功名利祿，而不管社會義務與責任。這種一元化成功的觀念，常使得年輕的你們無法承受，只能在成績當中斤斤計較，也使得很多年輕朋友因為急功近利和目光短淺，而忘記自己真正的目標和理想抱負，甚至忘記自己在社會中應有的價值和責任。

　　隨著時代愈來愈開放，目前建立多元化成功的觀念已逐漸被接受，更有許多傑出的年輕人為自己的理想堅持，開創出屬於自己的天空。在多元化成功的理想裡，衡量成功的標準有很多種：它可能是一個人的地位、財富、創造力，或群眾影響力；可以是一個人對他人的幫助、對社會的貢獻，或個人對於自我要求的不斷提升和不斷超越。多元化的成功定

義可以讓每個人依自己的興趣和特長，發揮實力並且發掘自己的潛力，在自主選擇的過程中不斷超越自己，同時也能讓社會保持健康、和諧的狀態，不但個人能獲得最大的快樂，也能讓社會大眾體驗最大的幸福。換句話說，成功就是不斷超越自己，就如李開復先生所說「做最好的自己」。怎樣做最好的自己呢？就是按照自己設定的目標，充實地學習、工作和生活，並且始終順著自己選擇的道路，做一個快樂的、永遠追逐興趣並能發掘出自身潛能的人。因為每個人都有自己的專長和特質，在多元化成功的社會中，只要主動選擇，每個人都將有成功的機會。

在社會亂象充斥，價值觀混淆不清的時代裡，建立正確良好的價值觀，協助自己脫離一元化的成功標準，再則，可以鼓勵自己在有限的條件中不斷超越自己，即使未來在人生的旅途上遇到大挫折，不但不會迷茫和消沉，你更可以由自己堅信的價值觀，找回自信和快樂，並且持續地、正確地走在邁向成功的大道上。

問題思考

1. 你覺得「我得不到的，別人也別想得到！」是一種肯定自己能力的想法？還是一種否定自己能力的想法？世上是否真有一個人能夠透過某些作為來徹底否定你的生命價值？

2. 當你採用傷害別人的方式進行報復時，展現出來的是你的強悍？還是你的脆弱？

3. 你的童年快樂嗎？你的求學生涯快樂嗎？你有想過自己為什麼要上學嗎？你有想過自己要成為什麼樣的人嗎？有為這個想法在努力嗎？

4. 你認同「勤奮」、「誠信」、「禮讓」是美德嗎？會遵守這些美德嗎？你知道如果我們不相信別人便無法生活嗎？（例如：要相信路上的車子不會隨便離開車道來撞人，才可能敢出門。）

5. 你知道所謂的「自由」是指「擁有選擇權」嗎？你平日有珍惜自己的選擇權嗎？你有能力為自己的選擇負責嗎？你願意為自己的選擇吃苦奮鬥嗎？當你感到不自由的時候，是因為「無法」選擇？還是因為你「不敢」──不敢為自己的選擇負責──選擇？

第 **12** 封信

我想做一個
好人，難嗎？

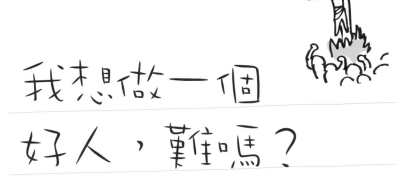

彭川耘

團體中只有「一個好人」的時候，

往往寡不敵眾，內心也容易脆弱。

唯有從承認軟弱中看見人性的有限，

從軟弱中看見堅持的不易。

做一個好人

嗨！你愛看電影嗎？之前香港有部蠻紅的電影，在片尾，黑道跟警察臥底說：「我想做好人！」「這些話你留著跟法官說吧！」兩個外表身分和內心身分完全對立的角色，最後都想朝著好人的目標前進，為什麼呢？因為我們的良知看得見「當好人」的重要性，但也知道當「一個」好人不容易，因為團體中只有「一個好人」的時候，往往寡不敵眾，內心也容易脆弱，於是，大家也慢慢地覺得，做一個好人，真傻——不是不重要，而是很辛苦。

臺灣也有部電視劇「危險心靈」，故事是主角謝政傑眼見老師和學校相互掩護及公然說謊，於是嘗試證明老師違法在校外補習和學校能力分班。在過程中，謝政傑被同學排擠，甚至被學校要求退學，於是引起了社會與媒體的關注。當然，

這段期間謝政傑也做了些不好的事情，像是因好奇心嗑藥、掩護駭客好友、非法入侵網站等等。這部戲反應出隱而未察、習以為常的社會現象：「明明知道是錯誤的行為，卻協助掩護、默許或是自己也就跟著做了。」為什麼會這樣呢？

影響力的可怕

我們一起看看「危險心靈」第一集：氣質優雅的英文老師在講桌前翻閱書報，底下的同學個個專心小考。看來，大家都胸有成竹、聚精會神的樣子。喔！不對！再定睛一看，發現大家其實是不動聲色，抄著握在手中的小紙條，還很有義氣地趁老師不注意時，飛鴿傳書，互通有無。在這過程中，班上有位同學叫沈韋，逕自埋頭苦幹，即使搔首苦惱也不看小抄一眼，謝政傑看到了，頗為納悶，但感覺蠻酷的，於是也把小抄丟給別人，學沈韋一起不看答案。果然，全班就只有他們兩個不及格。放學時，謝政傑問沈韋：「為什麼不看小抄？」「看了分數也不是我的。」沈韋答道，也接著問：「那你為什麼也不抄？」謝政傑回答：「因為我看你沒有抄，我也就沒有抄了啊！」沈韋深吸了一口氣，說：「這就是影響力！」謝政傑不解地看看沈韋，沈韋再度強調：「這就是影響力可怕的地方。」

後來，有黑函檢舉到教育部，指控學校能力分班，而且資優班沒有均衡發展，借藝能科目教授國英數等考試科目，督學來校調查，但謝政傑的班級很清楚該說什麼「漂亮話」，

甚至班上有位家世背景良好的同學僅以眼神提示，全班就在短短五秒內凝聚好共識，公然說謊。此時，我們的主角明白了，什麼叫做「影響力」，這位同學就是在發揮「他對大家的影響力」。而當時沒有配合全班說謊的沈韋，因此被某些同學討厭，三天後，甚至沒人敢跟他說話，包括謝政傑。這個唯一捍衛真相的學生，開始遭到班上的惡整，最後被校方轉到有正常上課的「後段班」，也讓更多的學生知道「合群」的重要性。甚至後來謝政傑站出來揭發不正義，與校方對峙的時候，同學們都懂得選擇摀上嘴巴、閉上眼睛、充耳不聞地乖乖念好自己的書，假裝一切沒發生。或更積極者，選擇一起抨擊這「麻煩」、推開這「麻煩」，即使同學們也許知道，這「麻煩」所堅持的可能是「正義」，是「事實」，但沒有人想惹麻煩上身，因為「人多比較有道理」，「有權勢的講話比較大聲」，「受歡迎的做事比較有魅力」，所以，我們學習跟隨潮流，也在不自覺當中，被影響力所迷惑，而失去是非判斷的能力。

聰明的你，有沒有發現，在我們的生活中，也常常有影響力在作用著？例如，班上一群比較有勢力的人（也許一開始只是兩、三個），欺負弱勢的同學，時間一久，越來越多人也加入捉弄的行列；或者班上有幾位同學作弊，大家因為朋友義氣或是不想當「抓耙子」，選擇沉默、裝作不知道，於是舞弊的情形越來越嚴重。此類情事，常發生在班級中，當沒有人仗義直言，這些不良習性就成班風，校園霸凌文化

由此而生，如滾雪球般，壓制住每個想發聲的嫩苗，結果就是學習向影響力低頭以保身。你是否也曾經歷過類似的事情？我希望你還具有這份覺察：「影響力的可怕」。

盲從「停」、事實「看」、是非「判」

就像溫水中的青蛙，當微弱的影響力在發生時，我們並沒有感覺到加溫的危險，仍然選擇睜一隻眼、閉一隻眼地在水中跟著翻滾，掩耳不聞環境中的正義之聲，就錯過了可以關火的時機。原本可以冷卻溫度的理性思考，也在悠遊順流的態度中，分不清楚「樂」與「熱」的差別，於是當溫度超過己身所能負荷，行為偏差越來越不受控制時，鍋已滾燙。所以，當我們失去清晰的判斷力而隨波逐流時，往往將我們帶向一個危機當中：同學吸菸，不一起吸，似乎太遜了；同學深夜不歸，我提早回家，就遜掉了；同學與人衝突，我不出拳相助，不夠義氣。再如名牌包打折時，名媛、淑女衝擠、口角，甚至幾乎全武行，究竟是品味或盲目追流行？染髮、刺青、嗑藥、性行為等等行為，若可以停下來想一想，該不該做、立意為何、預想後果，就可以杜絕掉許多盲目的跟從。

分享到這裡，我突然想到人們常常說的一句話：「別人也這樣，為什麼不可以？」同時我們也可以反問：「別人也這樣，為什麼我們就可以？」我們似乎常把重點擺在錯誤的地方，一個行為的是非判斷，並不是取決於人數多寡，而是事實本身的客觀價值。當我們能用放大鏡去檢視「事情」本

身，就可藉此學習是非的判斷。許多行為涉及道德是非，而我們身為執行此行為的主體，更須為此負起道德責任。因此，在每件事情發生時，「停」、「看」、「判」顯得分外重要，也才能使自己避免迷失於影響力的牽動中。

壞影響力背後的推手

　　但是，就前面所提到的，你應該不難發現，促使壞影響力盛行的還有一個推手，就是「沉默」。即使是成年人，也常常屈服於外在龐大的壓力或是內心的恐懼，而選擇沉默。就像在防火巷中堆疊貨物、違停機車，無人規勸，或認為這是警察的責任；同學亂丟垃圾、偷懶不打掃，默默認栽，或是認為服務股長應該督促；媒體炒作羶色腥、物化女性，一笑置之，或認為 NCC 會出面處理。我們以為不作為，就不是為惡，殊不知這樣的漠視其實就是鼓舞錯誤行為，助長惡勢力。因為不檢舉，發生大火時可能禍及鄰里；因為不糾正，班級風氣出現僥倖及不公平的氛圍；因為不在意，色情和暴力不斷渲染、偏差了社會價值觀。原本的小惡，因為眾人的沉默，所以蔓延得更為合理化、更為理所當然、更為深植人心，成為毒瘤，甚至釀成大禍。就像前陣子大陸的毒奶粉事件，政府官員知悉不說，新聞媒體知情不報，卻讓更多無辜的小孩、民眾受害，我們明明預期得到「不作為」會導致的惡果，卻仍選擇不作為，是否該受到譴責？

知道，但做不到？

　　也許你又要問了，為什麼社會中有這麼多「作為惡」和「不作為惡」的存在呢？如果大家都知道這些是不好的事，為什麼會一而再、再而三地發生呢？這，就是「知行合一」的議題了。

　　知行合一可從兩方面來看，一個面向是「對外在環境的軟弱」：大多數人的不作為，並非不知道對錯，而是對外在情境的屈服，例如：害怕惡勢力、擔心傷感情、不要多管閒事、替自己找麻煩等理由，因此選擇不說。但也因為如此，社會道義的指正功能越來越少，大家是非觀念的敏感度也就相對地下降，加上影響力的作用，使得少數會爭取權利或執行正義的人變得很奇怪。就像電視劇「波麗士大人」所描述的，交際手腕良好的小警察、黑白兩道勾結的市議員，都享有特別的權勢和待遇，而公正執法的警員，卻常是困難重重，或讓自己和身邊的親友陷入威脅當中。在校園裡，也常見敢言直行的人，容易被冠上臭名。隨著主流文化亦步亦趨，是較為簡單且具有保護色的行為，但我們卻不能因此蒙蔽了自己能隨時衡量清濁度的眼睛和良知。在適當時機能陳述己見，點出不義之事的人，確實是不易之事，因其具有令人佩服的勇氣。

　　而當社會執行正義的人較少，「知行合一」第二方面的

難處就更易浮現檯面：「自身利益的妥協」。因人性的有限，我們易從主觀去看待事情，也就容易因自身福祉而圖謀小利：飆車騎士在車牌貼上反光條，以避免測速照相；想爭取上臺演出的機會，散播不實傳言或攻擊他人；網路買賣或遊戲時，給予錯誤資料或是違反公平交易原則；因為想維持良好互動，敵不過人情壓力而接受關說⋯⋯。於是在整體社會公義與個人自身利益的天平中，我們便容易傾向對自己好一點，而放棄了那條明知當為的道路。我們選擇看不見自己的作為，或是掩蓋良知的聲音，只因為我不想承認我是自私、懦弱的人，只因為我不想讓別人發現我不夠完美，於是找了許多合理化藉口。久而久之，這一切的歪行，好像就成了我奉獻付出的偉大成就。但真理自明，我們愈害怕面對，事實反而就愈醜陋、愈清晰；我們越勇敢承認，心靈反而就更澄靜潔明。

苦行，讓思慮更清明

所以，當思慮周全、敏於覺察時，你決策的行為會更接近「正義」、「公平」、「倫理道德」，或是大家所說的「真理」。不過，恆久的倫理價值和真理，是需要通過時間洪流的考驗，也因各地方文化有所異同，所以增廣見聞、保有批判思考的態度，是重要的。唯有徹底省思周邊的人事物，避免陷入影響力的迷霧中，看見自己的懦弱、害怕和恐懼，面對自己的無能和無力，察覺自己想走向容易路途之心態，才能更貼近真實自我，然後透過對價值信念的堅定與信仰，才能發現自己要修正的腳步。從「承認」中看見人性的有限，

從「軟弱」中看見堅持的不易，所以更值得我們花一生的時間去學習、去體會、去察覺。

西方哲人尼采曾說：「懂得『為何』而活的人，差不多『任何』的痛苦都承受得住。」當個好人真的不容易，你要有能力看見價值的美好，並知道這是需要堅持而且富有意義的一條路，我們需要有勇氣面對外在的挫折，並需要時常與自我對話，堅定信仰，決心走下去。這是一條上坡路段，雖然辛苦，卻很值得我們爬向頂端。讓我們一起努力、前行，好嗎？

1. 在生活中的哪些時刻，我常常受眾人的影響而順應潮流？

2. 除了影響力之外，還有哪些因素也可能干擾了我們走向知行合一的道路？

3. 佛家曾説，貪、嗔、痴為身、口、意等三惡行之根源，你覺得哪一個是現代人最容易觸犯的錯誤？為什麼？

4. 當我面對到情緒的波動、利益、情欲和環境的誘惑，我們又如何能提醒自己以避免之？

5. 對你而言努力追尋的「正義」、「倫理道德」，或是「真理」是什麼？試著給一個你所認為的定義，並思考其對生命的意義與重要性。

6. 要能保有「擇善固執」、「雖千萬人吾往矣」的勇氣與堅持，需要能持續地醒覺和修練的功夫，在我的生命中，我有哪些資源可以運用？

記者穿越時空為您報導……

為什麼要燒死這個人呢?

他是異教徒,而且大家都這麼做……我不做會有麻煩。

那個人叫什麼名字?

好像叫耶穌……

活下去？
活上去？

姚翰玲

在「活下去」與「活得好」之上，

還有生命價值與意義的課題。

人如何體悟時間與空間的意義，

會影響他對於死亡後是否仍然存在的看法，

進而決定他如何定義「活得好」、「死得安」。

　　某生物科技董事長表示：人生的目的不外乎——「生得好，老得慢，病得輕，死得安。」而生技產業在生、老、病、死都可以幫上忙，協助實現人生目的。

　　也有人主張人生的新六福是：「生得順，長得美，活得好，病得少，老得慢，死得快。」

生命科技促進人類的幸福

　　把生老病死的安頓當作人生的目的，當作幸福的標的，可能不是每個人都同意吧！尤其是「死得安，死得快」，如果有人患病，我們會祝福他早日康復呢？還是祝賀他「死得安」？如果有青壯年人驟逝，我們常用英年早逝、壯志未酬來表達對死者人生尚未開展的遺憾，很少有人會說這是離苦得樂。老、病、死不僅是個人肉體、意志上的痛苦與限制，也是身邊親人的痛楚。如果有人一出生就處於身體或是環境

的弱勢，直覺上我們一定會說這不公平。可見得「生存」是生命的基礎，「生活」是生命的展現，唯有在這兩個基礎上，才有追尋生命價值實踐的可能。這是人人能懂，卻常常遺忘的道理。可能要等到遭逢大難，才會更深切地體會到「活著真好」、「只要活著，就有希望」的意義。許多人以幫助人「生存」爲職志，更有人以爭取人人得以平等「生活」爲使命，就是體會到這是攸關生命與人性尊嚴的大事。

　　生命科學與應用科學的研究，還有醫療保健和許多科技，就是以探求真理、解除人類痛苦與限制、幫助人類追求幸福爲目的。我們現在生活在科學技術高度發達並且日新月異的時代。科學技術，尤其是生命科學技術的高度發展，的確使過去不可能的事件變爲可能。

　　以「生得好」、「生得順」爲例，不孕夫婦早已藉助各種人工生殖的技術協助生育，目前又發展出「胚胎著床前染色體診斷」技術，不但可以篩檢出異常染色體，一方面減少懷孕流產，更進一步確保植入母體的胚胎是健康的。現在甚至還可以往「量身訂做」寶寶發展。

　　想要「長得美」，「活得好」嗎？農牧業改良技術不斷改善糧食與營養的攝取；養生健康食品及藥品還可針對身體不同成長需求而各有配方；衰壞的組織或器官可以透過移植或是人造組織得以更新；不滿意的長相身材，交給整形美容醫學。此外，醫學上不斷研發各種新藥治療疾病，將來若是

人工合成的基因研究成功，就可以治療人體肌肉萎縮老化的
疾病；發育遲緩的小孩，也可以用生長荷爾蒙來增加他們的
身高。

　　若想要「老得慢」好延長壯年的巔峰期，目前已經進行
的動物實驗證明注射臍帶血幹細胞後，可以回復動物老化的
神經幹細胞。主持這項研究的美國某大學腦部修補及老化卓
越中心主任預測，未來人類應可以像中藥養生一樣，每個月
注射一次臍帶血幹細胞，連續注射六個月，就可以達到延緩
老化的效果。

　　生物醫學技術的進步使醫療及保健專業人士能更有效地
診斷、治療和預防疾病，使人類獲得「病得輕」、「病得少」
的福分。

　　科技真的可以幫助人類提升生存及生活的品質，讓人更
自由、更自主地去實現個人的生命意義。

　　然而，進步的生物醫學技術，也使得以拯救生命、解除
病苦的為志業的醫療專業人士面對新的困局。當病患要求「死
得安」、「死得快」，或是一些家庭為了某種原因，希望終
止懷孕，要求醫生墮胎，醫師要如何行動，才符合醫師拯救
生命、尊重生命的職志呢？其次，當生物醫學技術的進展到
可能操縱、選擇我們的基因、生殖細胞（優良的精子或卵）、
健康的受精卵、胚胎（性別、體質、才智）或是器官，還可

以操縱人腦、控制人的發育、行為與情緒，甚至可以複製生物與人類、培育新物種時，便對人們的價值觀產生衝擊，使人不禁擔心人類的命運。再者，種種醫療方式在社會資源有限的情形下，應該如何分配才不會助長貧富差距、種族歧視？尤有甚者，面對非醫療疾病的需要，例如正常人要求提升體能、智能，或是改造體態達到美容、增強肌肉力，長高等目的，醫師又該如何面對呢？

生物科技發展的危機

到了 21 世紀的今天，生命新技術如此迅速地出現，人類的出生方式、存在方式和死亡方式都發生了變化，保健治療不再是一個簡單的議題，甚至連「什麼是人」都被迫重新思考。這些議題必須結合科學技術、醫學、社會學、哲學、倫理學、神學、法學、經濟學、政治學等，才能判斷我們是否應該發展和使用這種技術，確保這些技術不會被濫用，並能合理利用這些技術保護人類的尊嚴。

不僅生物醫學強烈衝擊人類的倫理基礎，應用科學的發展，也在 20 世紀中期以後，開始展現出科學技術的負面作用。原先科學家認為科技是價值中立的，科技是推動社會發展的動力源泉。當第二次世界大戰原子彈爆炸、納粹慘無人道的人體試驗，以及世界各地層出不窮的環境生態問題，使人見識到科技的負面價值效應，世人轉而認為科技不能自免於價值和責任之外，因為它就像雙刃利劍，人可以藉助科技之力

爲善，也可以爲惡。這促使科學家和公眾嚴肅關注科學研究的社會後果，科技應用對社會、人類和生態的影響，以及科學研究的正當行爲。

一些卓越的思想家和科學家開始努力禁止科技服務於邪惡的目的，愛因斯坦早在 1931 年在美國加利福尼亞理工學院發表的演說中就呼籲：

> 爲使你們的工作增進人類的幸福，只懂得應用科學是不夠的，你們應該關心人本身及其命運，始終以他們爲一切技術的奮鬥目標；你們應該關心組織勞動和產品分配這個尚未解決的大問題，這樣才能保證我們的智慧的產物會促進人類幸福，而不致成爲禍害。在你們埋首於圖表和方程式中時，千萬不要忘記這一點。

生命科學以及應用科學的科技，將人與自然、人與社會連結得密不可分，它們的影響力鋪天蓋地。它們已涉入生命的本質改變個體，更可改變整體物種，它們的影響力可以穿越世代且無法回復，甚至於更進一步改變整體生態體系的交互作用，可能引發非常高且不可測的風險。然而現在許多國家及跨國性的產業界都競相發展生命與物質科技，耗費巨資進行慘烈的競爭，在需求與利益的競逐下，更促使科技飛速的發展，結果不但加深了科學家與民眾的知識落差，使得民眾很難參與決策，也加深了社會與行政在管理科技發展上的難度。我們好像在瀕臨失速、迷航的太空船上，著急的乘客

與駕駛還找不著溝通的語言，更別說一致的決議。

現在，「能不能做到」已不再是科技發展的主要問題，呈現在我們面前的問題是「應該做什麼」、「應該怎樣做」的抉擇。回溯人類研發科技的初衷是爲了克服生存及生活上的層層限制，以維護人性的尊嚴、實現生命的本體價值，如何使這樣的善意能夠落實在具體行動上，需要有嚴謹微妙的透徹了解與思辨過程來指引科技專業人士的行動，而社會大眾也必須有審慎的倫理思辨素養，才能避免急就章直覺反應的謬誤。

「救命寶寶」會成為「哥哥的守護者」嗎？

2008 年初，在臺北誕生了一位經由人工生殖技術得來的救命寶寶，某些報紙甚至用「量身訂做」來形容她的使命：

> 亞洲首例，訂做救命寶寶治癒哥哥：三次人工生殖，篩選了 16 個胚胎，才找到救命寶寶。3 歲（哥哥）移植臍帶血，擺脫終身輸血命運。

「量身訂做」是指醫生在胚胎植入母親子宮前，還特別先經過基因篩選與人類組織抗原配對。這一則新聞正巧與兩年前發行的翻譯小說《姐姐的守護者》有相似之處，因此更加引人注目。

《姐姐的守護者》一書的核心議題是「身體自主權」。書中的妹妹是爲了醫治姐姐的血癌而訂製的，在她成長的過

程中，姐姐病發時她就供應血液、白血球、骨髓、幹細胞，最終由於母親要求她捐贈腎臟給姊姊，引發她與母親對簿公堂爭取「身體自主權」。由於小說非常細膩地描寫家庭成員之間深厚的關愛之情，以及各自的苦衷，使讀者對一個醫學倫理議題所涉及的種種面向印象深刻。

上述兩例使用了相同的生殖技術，生育目的也類似，所以引發社會大眾擔憂臺灣的救命寶寶的未來，她是否也會變成「哥哥的守護者」？她的生命尊嚴、生命自主權是否受到不公的對待？此外，有人質疑基因篩選胚胎的作法。合適的胚胎被留下來，配對不成的胚胎將落入銷毀的命運，這樣做會不會過度操控自然，是不是有殺害生命之嫌呢？這項技術對母親及胎兒健康的風險，與它所想要達成的醫療效果相比，是否能平衡呢？諸多的疑慮圍繞在個體生命尊嚴的議題上，救治一個生命的善行卻要付出傷害其他生命的代價，該如何取捨呢？如果我們遵循不同角色——民眾、救命寶寶、哥哥、父母、主治醫生、醫療或健保主管單位——的立場思考，似乎結論是游移變動的。怎麼一件救活生命的美事卻讓人產生「不安」呢？傷害生命與救治生命之間的矛盾可能化解嗎？一件事的價值評斷如果可以因人而異，最後誰有權決定行動，誰有權評斷對錯呢？

由於小說成功描述每一位家庭成員的處境與心境，使讀者了解到這不只是醫療技術層面的事件，而是既牽動家族生

命史，也攸關個人生存與生活品質的大事。以這樣的標準來看臺灣誕生「救命寶寶」的事件，的確值得大家深思。

生命倫理四原則

首先我們必須從醫療技術實務層面上，將《姐姐的守護者》一書與臺灣的「救命寶寶」分割開來。不僅因為《姐姐的守護者》是小說創作，「救命寶寶」是事實。而是因為，書中的姐姐罹患的血癌並非先天性重大遺傳疾病，而且母親的年齡超過 40 歲，同時，醫生怎可直接建議父母採用基因檢測人工生殖的方式？就醫學實務上來說，有諸多明顯不合理之處，毋須以妹妹的身體自主權作依據，就可以判斷不可行。所以當我們面對醫學與生命倫理所涉及的難題時，第一件事是先釐清相關的事實，包括行為本身：「何處、何時、為何、如何、用什麼方法、對誰、由何人來完成或避免某個行為」、行為的目的，還有行為的後果所涉及的人、地、事、物，這樣大眾才能站在相同的事實基礎上與科技專業人士對話。

所謂倫理難題，通常是在沒有人刻意為惡時，卻可以預期到有不屬於善的結果。其中除了手段的問題之外，一定涉及價值及道德規範衝突。所以當我們同情困境中每個人的苦楚時，我們也要同時理解支持他們行為背後的價值觀。從相互衝突的價值及道德規範中，判別優先順序、輕重緩急，才可能得到共識。在面臨生死攸關的醫療現場，醫學及生命倫理學提供了幾個大眾幾乎都認同的重要倫理價值，幫助他們

做倫理判斷。最常見的生命倫理四原則是：

　　1. 尊重自主（誠實、守密、知情同意）

　　2. 不傷害

　　3. 行善（醫療專業人士必須將病患的利益置於自身之上）

　　4. 正義（分配性的正義、權利的正義、法律的正義）

　　在「救命寶寶」醫療團隊的說明中，可以看到這些原則的運作。首先，院方必須確定，「再生一個孩子」是出於父母的愛心，而非爲了找一個醫療替代品。在醫生以非引導方式，告知人工生殖的優缺點及可能風險，再由父母決定是否做人工生殖；多餘不用的胚胎生命是冷凍或銷毀，醫師尊重病人的意願。胚胎的生命權問題涉及「生命權由誰作主」的爭議，醫生表示：天主教教權時代，由上帝作主；現在，應由病人作主。其次，訂做人工寶寶是爲了救治性命，而非訂製完美寶寶。寶寶的哥哥在 6 個月大時發現罹患嚴重的遺傳疾病，每三週需輸血治療一次，每天還要施打排鐵劑長達 8 到 10 小時，相當煎熬。因此在嘗試現有骨髓與臍帶血配對都有風險的情況下，才選擇人工生殖。再者，救命寶寶是被抽取臍帶血即可治癒哥哥的病，成功率很高，並不是抽骨髓等較繁複的手術，所以傷害不大。至於寶寶是爲了挽救另一人才被生下來，他的自主權沒有得到尊重，甚至有被工具化的疑慮，父母親承諾會妥善關愛這個得來不易得寶寶。

　　以上只是舉例說明生命倫理判斷的複雜，並不打算對此

個案作是非對錯的判斷。每個個案都要審慎參酌事實，具體地權衡準則，以得出可行或不可行的行事依據。胸懷同情心與同理心，在「糾紛亂麻」的兩難之中，努力「理出頭緒」尋求雙贏之道，才能令所有人放下心中大石。這不但需要醫療與科技專業人士時時磨練心志，社會大眾也要常常反思自我主張背後的價值基礎，這樣才可能在各種處境下，落實尊重生命與人性尊嚴的基本價值。

超脫生死

> 超越生老病苦三原則：活得快樂、病得健康、老得有希望。
> 超越死亡三原則：不要尋死、不要怕死、不要等死。（聖嚴法師語錄）

熟悉《姐姐的守護者》情節的人都知道，妹妹最終說出提告的理由，並不只是「身體自主權」與姐姐「生存權」的問題。而是因為姐姐不想再這樣活下去，才請妹妹提出控訴，以求全家脫離這個困境。

原來，在「活下去」與「活得好」之上，還有生命價值與意義的課題。在不同的世界觀、宇宙觀之下，「必死的人生」有何意義，可能有不同的解讀。簡單來說，人如何體悟人類在整個宇宙、地球中的地位，決定了人類如何對待宇宙、生態體系所有物質與生物，以及人類彼此的態度。人有權控制主宰地球上一切嗎？或者人類與萬物相互依存、共生交融？人如何體悟時間與空間的意義，會影響他對於死亡後是否仍

然存在的看法，進而決定他如何定義「活得好」、「死得安」。凡此種種都使他對病老死等痛苦與限制有不同的體悟。

世上有太多偉大的心靈，可以作爲我們的典範，他們不但突破病老死的限制，活出精彩絕倫的生命，更影響眾人提升境界。例如身障人士的奮鬥與豁達，讓我們重新反省到身體健康心靈卻殘障的窘境；在集中營中受到非人道對待，被剝奪所有人性尊嚴條件之下，有人卻能在失去身分地位、安居華服、財富成就這些保障生存、生活的條件時，了悟出生命存在的價值在於意義，而且這個意義不在自我欲望的無盡追求上，而在人與人之間愛的交付中。

生命與相關科技的專業人士，貢獻心力爲維護人類的生命尊嚴，值得肯定。他們在專業領域上努力追求真理，審慎自律，令人敬佩。但是由於科技的運用涉及人類整體生命，已超出科學的範圍，因此必須虛心尊重平常人（而非科學家）的不安之處，以此作爲科技的極限和道德價值的邊界。而專業人士與大眾，透過事實層面完整脈絡的理解、重要倫理價值的反覆權衡，最終還要在宇宙觀、世界觀等哲學、宗教人文等層面中對話，一同尋求當爲與不當爲的準則。畢竟我們不僅掌握人類整體的生命發展方向，也必須對行星地球上所有生物與物質負責。

1. 有人覺得人生六福是：「生得順，長得美，活得好，病得少，老得慢，死得快（安）」，你同意嗎？ 如果不能全部擁有，哪幾項是你一定不願放棄的？為什麼？

2. 你覺得有「完美人生」這樣的境界嗎？一般人對「完美」有什麼看法？你贊成嗎？為什麼？

3. 現代醫療保健科技這麼進步，許多參加競賽的選手會利用它們來增強自己的體能或是智力。如果你是觀眾，你有何看法？如果你是選手，你有什麼看法？

4. 如果可以回到過去，你最想改變的人類重大事件是什麼？為什麼？

5. 你看過科幻片嗎？哪一部科幻片所描繪的未來世界最讓你嚮往？哪一部科幻片預測的未來世界最符合你的想像？

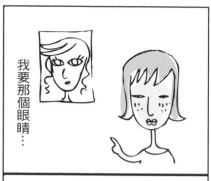

我要那個眼睛⋯

我要那個鼻子⋯

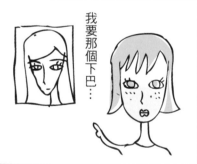

我要那個下巴⋯

我到底是誰?

第 **14** 封信

只要我喜歡，
為什麼不可以？！

徐玉青

衣服不喜歡了，換一件就好；

褲子穿不下了，可以送給別人。

但面對生命的時候，

我們應該以什麼樣的心情對待呢？

網路無遠弗屆的力量，是好？還是壞？

朋友，你現在用什麼方式寄信呢？傳統的紙筆書寫，還是電子郵件？

科技真的很神奇，以前信件只能靠辛苦的郵差傳遞，自從電子郵件發明之後，信件往返在彈指之間就能完成了。你也會利用電子郵件來收信、寄信嗎？每天上網收信成為我生活中的一部分，不過這些便利也造成一些困擾，甚至是傷害，像是收不完的垃圾信件、病毒郵件或個人資料外洩。你呢？是不是也和我有同樣的感受？

網路科技的發達，部落格成了表現自我，抒發情感的管道。我曾因為班級管理的問題，被一位學生產生誤解，他因此在自己的部落格上用極度不堪的字眼對我謾罵、人身攻擊、扭曲事實……。我輾轉得知這情況，當下非常受傷，一方面

要平撫自己的情緒，一方面還要處理學生的行為問題，事後他對我的誤會化解，也認錯道歉。此事件讓我深刻體會到，網路科技所帶來的影響力不容小覷。科技本身是中性的，並無對錯，而是人怎麼「用」的問題，尤其近幾年，大量的部落格成立，有些人寫美食網誌吸引網友瀏覽，因此帶來許多商機；有些人因愛生恨，不滿女友提出分手，而把親密相片貼在部落格上，造成當事者身心受創。

學生網路謾罵，看似單純的情緒宣洩；因愛生恨貼親密照，是發洩不滿的情緒。但是情緒宣洩後呢？會不會造成彼此更大的傷害？網路科技使人方便連繫、交流，也更容易將傷害蔓延擴大。似乎變成「只要我喜歡，沒有什麼不可以」，完全忽略了人與人之間應有的尊重。

水能載舟亦能覆舟，如果網路科技使用得當，還能拯救生命。多年前，一對在臺北經營寵物咖啡店的夫妻，下班後開車載著三隻小狗回桃園住處，卻在高速公路上被追撞，車子翻覆，這對夫妻受了傷，一隻小狗飛彈出車外，兩隻因驚嚇過度而四處亂竄，最後都消失在高速公路上。先生立刻用手機打給親朋好友求助，馬上就有人上網發布消息，當時我在 BBS 站看到尋狗文章，也幫忙轉寄消息。由於這對夫妻平時廣結善緣，許多朋友都主動幫忙尋狗，同時也得到不少素未謀面的網友相助，加上狗主人不放棄尋找，過了三個月，三隻狗竟然奇蹟似的一一歸來。網路的力量真是無遠弗屆，

竟能透過無形的線串起眾人的愛心。

你看，科技若能妥善使用，是不是也能行善呢？

網路世界真真假假，很多網路謠言滿天飛，還有一些感人的故事、求助的信件，我們能不能判斷這些信件的真偽？當事人已經得到援助，或者當事人不治早已往生，這些信件仍在網路上不斷轉寄著。有一封標題令我印象深刻的信——「老師陪睡，賺取教育經費」，敘述一位年輕貌美的女老師為了幫助村內貧困孩子完成學業，不惜賣身、當二奶，讓孩子有課本、鉛筆，學校有辦學經費，這位老師努力改變孩子的教育環境卻死於非命。整個故事加上相片及學生舉辦的追悼會，圖文並茂，讓我不疑有他，邊閱讀邊流著眼淚。我還上網搜尋相關資料，想要更進一步了解，才發現原來故事是杜撰的。郵件中有兩張相片，一張是追悼會，一張是年輕貌美女子的相片，確實有捨身救人的老師，但卻不是賣身賺教育經費。這事件當時炒得沸沸揚揚，得到許多網友的關注，卻也造成真正捨身救學生的老師家人的困擾與傷害。作者的動機是為了喚起大家重視中國西部的教育，但是這種自以為善意而用了不實的手法是善行嗎？

網路上的謠言誹謗或侵人隱私，猶如割破的羽毛枕頭，漫天飛出的羽毛就是那些謠言和隱私，它所蔓延的速度並非我們能想像，更無法一一找回。這和過去口耳相傳，誹謗中傷的時代很不一樣，一根羽毛可能飛向遙遠的國度，一個網

路流言或傷害也能很快地繞地球三圈。我們可以享受科技所帶來的便利，也要為這些方便履行一些義務——「尊重他人」。我們不一定有機會像尋狗事件那樣做出善行，但至少能提醒自己不因己利或個人喜惡去傷害他人。

無聲的吶喊

不久前，我收到朋友轉寄的郵件，是一隻被棄養的哈士奇犬，網友正幫忙尋找新的主人，希望有好心人士收養牠。電影 101 忠狗大受歡迎，過一陣子就會看見滿街被棄養的大麥町犬。電影拍著什麼犬種，什麼犬種就會被大量繁殖。還記得「再見，可魯」這部電影嗎？這也讓拉布拉多犬迅速竄升為最受歡迎的犬種，再加上媒體的炒作，沒多久又可以在大街小巷看到流浪的拉不拉多犬了，當然，這也是無辜生命悲劇的開始。

有個故事就發生在我自己身上。記得那天剛從南部出差回來，一回到家，我的室友就表情凝重地要我跟她去附近的巷口。看著她沉重的表情，我放下行李就跟著她出門了。

來到窄小的死巷，眼前是個龐然大物，往前仔細一看，原來是一隻病懨懨的白色拉不拉多犬，我們猜想又是一隻丟棄的狗。我趕緊載牠到獸醫院，請醫生掃描，結果當然是令人失望的，牠沒有被植入晶片。醫生仔細檢查後告訴我們，這隻狗的腎臟已經完全失去功能，身體一些器官也已經壞死。我們非常難過，但是狗狗一直望著我們，牠無辜友善的表情

又夾雜著疲倦和痛苦，我們請醫生盡量搶救牠，醫生卻搖頭說，任何治療都只是延長牠死亡的到來，醫生建議我們讓牠安樂死。

聽到醫生的建議，我們都傻眼了，醫生請我們考慮看看，可以先把狗留下來，醫院會給牠一些緩和治療。我回家後，輾轉難眠了幾天，也努力思考該如何抉擇。然而，這隻狗在我們還沒有做決定前，就已經病重往生了。這次的經歷令人傷痛，也在我的心中留下許多疑問。這麼漂亮可愛的狗狗，為什麼會在外面流浪？牠是走失還是被遺棄？牠是因為生病才被遺棄？還是走失後才生病的？當初主人飼養牠的時候是抱著怎樣的心情？

我們很容易因為趕流行，或一時衝動購買伴侶動物，事前沒有做好功課，了解這些伴侶動物的習性、教養方式就貿然購買，結果才發現有些動物非常活潑好動，需要大量的運動以及主人的陪伴，不然就會把家裡搞得天翻地覆；有些動物來自寒帶，難以適應臺灣濕熱的氣候而開始生病；而有些大型犬食量非常大，等到幼犬長大後，主人才發現自己負擔不起養狗的日常開銷；還有些人養了一些稀有動物，例如鱷魚、變色龍、大型蟒蛇等等，都可能帶來社會或環境問題。這些問題發生的時候，我們又如何解決呢？棄養、送人，還是請醫生對他們施以安樂死？購買這些伴侶動物跟我們買衣服、褲子一樣嗎？是花錢買來的，喜歡怎麼對待就怎麼對待

——衣服不喜歡了，換一件就好；褲子穿不下了，可以送給別人。但面對生命的時候，是不是應該以仁慈及尊重的心對待呢？

很多新聞都和「尊重生命」脫離不了關係。前些日子我看到一則新聞，又讓我再度思考為什麼要尊重生命。新聞畫面是一個夾娃娃的機器，機器中放了許多大大小小的寄居蟹。可愛的寄居蟹成了遊戲的獎品，行動緩慢的寄居蟹被機械式夾子，夾過來翻過去。如果牠能說話，牠會說什麼呢？這段新聞結束前，記者詢問了相關人士，他們回應說，已經請相關單位勸導，但是否構成虐待動物還有待商榷，因為寄居蟹是無脊椎動物，不在動物保護法的保護範圍。親愛的朋友啊！這遊戲也許為某些人帶來快樂，但面對一個生命的時候，是不是有更重要的價值需要思考呢？

尊重生命，尊重他人，人性再升級！

科技進步一日千里，在進步的背後，人們面對生命、面對萬物的態度，是否也跟著進步，還是更輕率的對待？前陣子有人問我，為什麼有些人這麼討厭貓狗？我想，那是因為主人沒有好好管理自己的伴侶動物，而影響了別人生活環境，像是吠叫不停的狗，干擾別人的作息；有的是任由小狗隨地大小便，造成環境髒亂，以及對他人的不尊重。討厭這些動物的原因也許是生活被干擾，但有些卻是因為對生命的不尊重。曾經有一則虐貓事件，就是因為當事人討厭貓，而用殘

忍的方式加以虐待，只是因為個人的喜惡，就把傷害加諸在無辜的動物身上。印度聖雄甘地曾說：「一個國家的文明程度，就看它怎麼對待動物。」文明與否不是決定在科技是否發達，而是人類對於生命、大自然的尊重。我們為什麼要尊重生命、尊重他人？簡單的說，尊重生命或他人，也就是尊重自己，重視自己的存在。當我們覺得自己是重要、可敬的，你就會想到別人也是同等的重要與可敬，世間萬物也就和自己一樣，都有其生存的價值。我們尊重大地萬物的存在，也是肯定自己的存在。人者，仁也，人除了愛己之外，還能推己及人，相信不僅科技會進步，人性也會不斷提升。

1. 許多人花了很多錢買下名種犬之後，又因為各種理由而任意棄養，這些行為的背後，隱藏人們對待生命什麼樣的態度或問題？

2. 在夾娃娃機中放寄居蟹甚至小狗、小貓當獎品，與一般的玩具有什麼不同呢？

3. 世界上許多國家仍禁止人類安樂死，臺灣也是，可是為什麼文中的獸醫會建議這隻完全沒有治癒機會的狗進行安樂死呢？人類不行，為什麼狗可以？

4. 為什麼印度聖雄甘地認為，國家文明的程度，可以從人們對待動物的態度看出來？

5. 如果每個人都覺得：「只要我喜歡，有什麼不可以？」這樣的世界會是怎樣的世界？

我值一萬元的身價⋯

我可是有兩萬元身價⋯

我三萬

我也兩萬

都不重要了啦，反正我們現在都在街上流浪。

第 **15** 封信

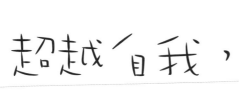

超越自我，
登上巔峰

徐茂瑋

蘇格拉底說：「當我要做一件不該做的事時，
內心都會出現叫我不要做的聲音。」
這個聲音通常翻譯為「精靈」，
這個精靈只說「不」，卻不說「是」。
這個只說不的精靈，正是孔子說的「不安」，
也是孟子說的「良知良能」。

有時候，明明知道愛上那個人是個錯誤，
卻還是死心塌地的愛了，
有時候，明明知道自己這樣做是不好的，
卻還是執迷不悟的做了，
有時候，明明知道他永遠不會愛你，
卻還是習慣性的打電話給他了。

～愛的模樣

網路上流傳這麼一段〈愛的模樣〉，姑且不論斷這是不
是真愛？或值不值得愛？你經驗過主角的矛盾、掙扎嗎？

在爺爺奶奶家吃飯，奶奶問：「雞肉好吃嗎？」明明覺
得難吃卻得說：「奶奶煮的雞好好吃！」考試成績一塌糊塗，
心情跌到谷底，只想躲進房間，卻不能先回家，還要周旋於

爺爺奶奶及長輩中，保持微笑，禮貌回答問話。

這樣心口不一，是禮儀？還是說謊？我不能隨心所欲做我自己嗎？

與同學起衝突，他罵我三字經，我也回罵，握拳縮手就要揮拳，心裡突然閃過媽媽的影像，緊握顫慄的拳頭再罵兩句，憤憤不平的調頭離開。導師每次都盯我遲到、勸我多用功，明知自己不對，導師也是為我好，但為什麼每次總令我不爽到暴？不頂兩句也要擺臭臉！

情緒與理性常常對立，該壓抑情緒以屈就理性？或情緒也該有適當出口？

月考到了，就是不想念書；一開電腦就掛在網上下不來；明知數學課很重要，手機的 game 卻讓我停不下來；作業、報告一大堆，提不起勁⋯⋯。

我的意志是不是太薄弱了？不過同學好像都跟我差不多，人都是這樣嗎？究竟人性是怎麼一回事？我能掌握我自己嗎？

古希臘戴爾菲神殿上有兩句箴言「認識你自己」、「凡事勿過度」。古希臘是西方哲學的源頭，「認識你自己」常被引為哲學的第一個問題，以認識自我作為哲學思考的起點；凡事勿過度，意謂有節制自我、掌握自我的能力。然而人生

並不應該以此爲終極目標，能否實現自我，進而超越自我，甚至超凡入聖，爲人類文化史寫下光輝的一頁！

認識人性

要認識自己，宜先了解人性。人性是善？是惡？或無善無惡？自古有很多論戰，於此暫不細論，只略談儒家與蘇格拉底的主張。孟子以人見到將落入井的小孩，無不自然升起怵惕惻隱之心，說明人人有善端，善端就如種子，妥善照料才能發芽長大開花結果，那是人性的實現。人應該開展惻隱之心、羞惡之心、辭讓之心、是非之心的四端，可以成爲仁、義、禮、智的四個善心。人不斷地培養善心、培養正氣，遵循良知良能，人人皆可以達到堯舜的境界。人所以爲惡，乃因爲人不順著已「內建」的四個善端，再加上放縱於欲望、外在環境等影響，亡失本心而不自知。或許你不禁要問：「有人爲非作歹毫無愧疚、羞恥，哪有所謂的良知呢？」孟子以牛山濯濯爲例，牛山本是鬱鬱蔥蔥，只因被人日日大量砍伐，接著又放牧牛羊，怎麼不光禿禿呢？但是光禿禿不是牛山的本來面貌呀！就如同泯滅良知做惡，亦非人的本性！

宰我不接受當時爲父母守喪三年的禮制，以爲一年就夠了，以此問孔子，孔子反問：「父母去世，三年中你吃美食，穿華服，心安嗎？」宰我回答：「安呀！」孔子說：「你既然覺得心安，就去做吧！」此處的心安或不安，即是良知在作用。

蘇格拉底受審判時說：「年輕時我就有一特別現象，當我要做一件不該做的事時，內心都會出現叫我不要做的聲音。」蘇格拉底稱這個聲音為代蒙（Daimon），通常翻譯為「精靈」。這個精靈只說「不」，卻不說「是」。這個只說不的精靈，正是孔子說的「不安」，也是孟子標舉的「惻隱之心」，可見人類的智慧，東西方的文化是會通的。

所以我以為人性是有善種子，但不是已經「實現」的善，而是得再加以「保養、升級」（upgrade）的，需要後天的努力。「良知」的顯現即在於「不安」，「不安」可以作為行為的判準。當你猶豫該不該做這件事時，先冷靜下來，聽聽自己內在的聲音，再決定；如果你三更半夜為自己白天的行為、言語感到「不安」，第二天一早就該改過，或向人道歉。大哲人教我們的人生功課乃是修養真誠的心，遵循良心的指引，就是真誠的對待自己──活出自我。

認識自我

你接受這樣的人性觀嗎？不論你是否同意，建議你多探索人性的本質，因為認識人性就是「認識你自己」與所有人共同的本性，屬於人的普遍性。你的人性觀與人生觀、宇宙觀互有交集，彼此牽連，它們是決定你生命情調、人生方向與價值的重要關鍵，也是決定你認識「個別的自己」的角度，屬於人的特殊性。

「認識你自己」的另一個部分，該是我與其他人有什麼

不同？我有獨特性嗎？或者世上有我也不嫌多，沒有我也不嫌少？我能自主嗎？

　　哲學家因著不同的思想體系對「我」自有不同解釋，如何「認識你自己」也有南轅北轍的進路，然而「內省」卻是共通的方法。現代物質的發達史上空前，人遂沉溺物質中，重視物質價值，輕忽精神價值，心神外馳，往外追求，不知向內觀照自我。古希臘哲人泰利斯說：「人生最困難的事乃是認識自己。」不向內心探尋的人更難認識自己。

　　蘇格拉底強調「未經過檢視的生活是不值得過的生活」，曾子每天檢視自己：「為人謀而不忠？與朋友交而不信？傳不習乎？」然而曾子只反省這三件嗎？蘇格拉底雖未明確說明檢視什麼，但是由其生平事蹟及學說可推測，他必定事事檢視，曾子亦然。孟子對檢視自己有很精彩的主張，一般人遇他人以橫逆待我，多反擊回應，然而孟子必反躬自省：「我一定未以仁存心，未以禮敬人。」反省得知自己是心中存仁，用禮敬人，但是橫逆還是來，孟子再反省：「我必未盡全力行仁敬禮。」孟子是徹底地自我反省與實踐。

　　孔子教學生觀察人的三個步驟：「看他做了什麼事，細觀他做這件事的動機，審察他事後心安嗎？人是無法藏匿的呀！人是無法藏匿的呀！」如果以此觀察自己，時時保持如此真誠對待自我，不容易亡失良心。

　　孔子傳授曾子所謂的大勇是：「當自我反省自己是不正直的，縱使面對粗布衣服的升斗小民，我不惴慄畏懼嗎？當自我反省自己是正直的，即使千萬人橫擋於前，我勇往直前！」所以我能不能獨立天地之間，坦蕩面對世人，反省是必要的路徑，至於何為正直？何為不直？則是價值的建構與抉擇。

　　「內省」還可以有更積極的開創作用。孔子說：「見賢思齊焉，見不賢而內自省也。」可分為兩個層次：「見賢與見不賢」乃對外的觀察，確認並判斷他是賢或不賢；「思齊與內自省」則為對內的自我觀照，「思齊」之前必先覺察到我沒有這樣的「賢」，接著才有「我想要與他看齊」的欲求，而且此欲求含有實踐的意義，孔孟之道皆言行一致。「內自省」則直接檢驗我是否犯同樣的錯？有，就得改過，有人告訴子路有過錯，他欣然接受而且必改過，子路是改過向善的模範生。如果檢驗自己沒有這樣的過失，不妨嘉勉自己，並作為警惕，不可蹈人覆轍。孔子此內省的功夫，看到別人的優缺點，也反省自己的優缺點，並且取人之長，補己之短，不但深刻地認識自己，也不斷地改善自己。

　　孔子告訴司馬牛，君子的「不憂不懼」來自於「內省不疚」。「內省」是直接檢視自我是否違背良心？是否不正直？我是正直而符合良心的，方能毫無愧疚，昂首天地之間，所以君子何憂何懼？真誠活出自我，能認識自己，亦不斷提升

自我。

　　禪修是佛家的修行方法之一，學習禪坐（或靜坐）可以專注的觀照自我。現代人事事求速成，無謂地計較分分秒秒，急躁焦慮，心靜不下來。禪坐訓練人專注，往內觀察呼吸、感覺、心念等，能使人沉靜返觀自己，禪修可以頓悟或證悟宇宙人生的實像。學佛是學習佛陀的行為，皈依佛是回歸依止於自己與佛陀不二的本來，修行佛法是期望自己與佛陀一樣，自度度人，同證宇宙人生的真理；研究「佛學」則視佛法為哲學，研習並汲取其思想。建議你當遇善機緣時可學習禪坐，讀讀佛學，如《達賴喇嘛教你認識自己》敘述深入淺出，可為佛學的敲門磚，該書從佛學緣起空性的智慧談起，教人從佛法的角度認識你自己，由禪修返觀自己證悟真正的存在。

高峰體驗──幸福不必在天國

　　一位年輕的母親準備早餐，忙進忙出，此刻朝陽斜照，陽光下孩子們快樂的吃早餐，聊個不停；丈夫也悠閒地與孩子們逗樂。這一刹那，她突然被眼前的美深深感動，湧泉般的愛注滿她整個心靈。她產生了高峰體驗（peak experiences）。

　　一位擔任爵士鼓手打工讀完醫科學院的青年，在表演期間，一共有過三次高峰體驗，突然感到自己是傑出的鼓手，演奏效果完美極了。

　　詩人完成一首完全抒發情感的詩，暢快無比；母親生下

嬰兒那一瞬間的狂喜；陶醉於貝多芬第九交響樂的大學生，都是高峰體驗。

我準備考大學時極為辛苦，因為讀書只是入大學的工具，恨透了為考試而讀書，當時發誓考完大學後，再也不為考試而熬夜苦讀。大學期間有數次準備考試而徹夜未眠，都是讀入了迷，特別記得一次是讀老莊，沉醉於道家的浩浩蕩蕩，不覺中窗戶露白，那時刻頓覺通體舒暢，彷彿我的生命境界又攀升一層。當然，我不在乎當天考幾分。

回想看看，你有沒有類似的渾然忘我，極為陶醉、極為亢奮、極為震撼的經驗？投了一個完美幅度的三分球？考了一次全班最高的數學成績？跳一場動感十足又擊敗死對頭的街舞？柔美月色，清風拂面，心中寧靜彷彿得永恆？再仔細思索，一定有令你喜出望外（surprised by joy）的一剎那，那就是馬斯洛（Abraham Maslow，1908-1970）所謂的高峰體驗。馬斯洛以為諸如：神祕體驗、海洋體驗、審美體驗、創作體驗、愛情體驗、父母情感體驗、頓悟體驗等都是不同的途徑，但主觀的體驗十分相似。

馬斯洛認為高峰體驗的根源很多，也肯定能產生在任何人身上，只要人越能實現自我，生活滿足、諸事順心，高峰體驗就可能常常產生，高峰體驗是自我實現的獎賞。

從自我實現到超越自我

馬斯洛不同意佛洛伊德以精神錯亂者、精神患者等作爲研究樣本，馬斯洛選擇最正常、最健康和最有代表性的人爲研究樣本，提倡研究「健康人格」（Health personality），主張人性具積極向善的動機，自我實現便是人性豐滿實現。他晚年受道家與日本禪宗的影響，發現人性中還有比自我實現更高的追求，那就是超越的自我實現。

自我實現者

馬斯洛所謂自我實現者是指低層的需要已得到充分滿足，受到更高層的超越性需要驅動的人，他們擁有的特徵，如：獻身於某一號召、使命、事業與工作，可謂「奮不顧身」；內在的需要與外在的要求是一致的，也就是「我意欲」＝「我必須」；「工作」＝「娛樂」，「娛樂」＝「工作」；職業是內在價值的化身與體現而不是職業；內在價值與存在價值合而爲一；自我與非自我的隔離被超越，例如：孩子吃食物比自己親口吃更愉悅，「我」已擴展到孩子身上，傷害孩子就等於傷害「我」。以上等等爲自我實現者的特徵。

馬斯洛後來擔心自我實現留給人的印象是「全有」或「全無」的，只有極少數的人才達得到。高峰經驗的研究證實，事實並非如此，所以肯定自我實現是一種「存在」，同時也是一種「形成」（Becoming），是在連續的同一主體身上，沿

著需要的階梯向人性圓滿實現演進的過程。每一次演進都是一個良好的形成，也都伴隨著高峰體驗的獎賞，由此可將自我實現定義爲一種插曲，而這插曲會在任何人一生的任何時刻發生。

超越自我實現者

馬斯洛晚期將自我實現分爲二種：健康型自我實現者（以下簡稱健康型者）與超越型自我實現者（以下簡稱超越型者）都具有自我實現者的特徵。

健康型者是比較實際、現實、能幹和更凡俗的人，他們生活在較低層需要的世界，對待人或物主要是用具體的、實用的方式。他們重實際、有效率，重視檢驗和認知較不重視情感和體驗，他們幾乎沒有或很少有超越體驗。

超越型者則是「高峰人物」，採取積極態度、渴望生活，經常意識到存在價值、內在價值，更明顯地受超越性需要支配。高峰經驗是他們生活中最重要的事，是生命的確證；在日常的低層次需要中也能看到事物神聖的一面；較健康型者容易創新；對惡有更深刻的認識與諒解，因此深懷同情心，卻更堅定地與惡戰鬥；更容易有深刻的「宗教的」或「精神的」體驗，不一定是教徒，卻可能比神職人員有更虔誠的態度面對「宗教的」或「精神的」體驗；更容易領悟存在性王國，更多入迷體驗，像小孩看著水潭反光而發呆、興致勃勃地注視玻璃窗上流下的雨滴等。

馬斯洛認為超越自我實現者不只是健康人，是人性發展的極致，他的超個人心理學，也是人性論、價值論，你是否同意他的論述？你能不能循著生理的需要，依階往上追求，克服每一階層的困難，實現自我進而超越自我？

知行合一

從儒家、蘇格拉底、佛家到馬斯洛，你有沒有注意到他們都不是空口說白話，不只是理論中強調實踐，而且真正都是知行合一、內心外在統整一致的人。他們生活的時代、人種、文化都不同，他們對「自我」的界定甚至可能南轅北轍，但是對認識自我、實現自我、超越自我，追求至真至善至美卻是同樣熱切與堅持。

蘇格拉底信守雅典城邦政治的法律觀念，雖受到不義的判決，卻不願越獄偷生，選擇真誠面對自己，寧為終生的信念而死。雅士培在《四大聖哲》裡描述：「蘇格拉底臨終前，安慰朋友們說：『你們所埋葬的只是我的軀體，今後你們當一如往昔，按照你們所知最善的方式去生活。』……他不許朋友們哀傷慟哭。『人必須在莊嚴肅穆的平安中離開塵世。請保持安靜，耐心等候。』」（傅佩榮譯，2001，p.24）蘇格拉底一生忠於自己，臨終更超越自我，安詳地殉道。

孔子有一次在回魯國的路上生重病，子路唯恐孔子不治，要別的弟子扮作孔子家臣，預備治理喪事（當時孔子早已不任魯國司寇，不該有家臣）。孔子病情好轉後，知道子路的

處理，斥責子路：「子路的作為不應該呀，不該有家臣治理喪事卻假裝有，我要欺騙誰呀？難道要欺騙上天嗎？」你小時候背過的成語「曾子易簀」，也是曾子彌留時，弟子用大夫的席子給曾子用，曾子醒來發現了，堅持換成平民的席子，然後平靜地去世。

前文談到若有人以橫逆待孟子，孟子必反省自己必不仁、無禮、不忠，如果橫逆還來呢？孟子視這般狂妄之人如禽獸，不與禽獸計較。那麼孟子計較的是什麼？孟子說，君子擔心的是：「我怎麼樣可以修養得像舜一樣賢德？」孟子的超越是：「不合於仁的行為不做，不合於禮的行為不做。如果有突然發生的災禍降臨我身上，身為一個君子不將它視為災禍。」孟子堅持信念，實踐信念，至於依良心行善有沒有福報？他會說："I don't care." 孟子沒有如蘇格拉底殉道而死，但是我深信孟子是言行一致的。

閱讀至此，如果你同意我的論述中的 70%，那麼，文章開頭的幾個問題，是不是都不成問題了？如果你不怎麼同意我的論述，沒關係，我再提醒你：「認識自我，實現自我，然後超越自我，甚至超凡入聖，為人類文化史寫下光輝的一頁。選擇你認為更適合你的進路，終身追尋、實踐！」

參考書目

- 《人的潛能和價值》，馬斯洛（Maslow, A. H.）等著，孫大川審譯，結構群文化出版，台北，1990。
- 《走向生命的顛峰：馬斯洛的人本心理學》，彭運石著，貓頭鷹出版，台北，2001。
- 《自我實現與人格成熟》，馬斯洛（Maslow, A. H.）著，劉千美譯，光啟社出版，台北，1989 再版。
- 《達賴喇嘛教你認識自己》，達賴喇嘛著，翁仕杰譯，天下出版，台北，2008。
- 《歷史的巨人──四大哲人》，雅士培著，傅佩榮譯，業強出版，台北，2001。

問題思考

1. 你持怎樣的人性觀？能否清楚地告訴你的朋友？

2. 你看到自己有別於他人的獨特性嗎？是否以它為傲？

3. 回想你曾有類似高峰經驗的經歷嗎？是不是美妙而雋永？

4. 你的理性與情緒的衝突多嗎？你能不能尋得平衡？

5. 你能不能知行合一？你有沒有實踐理想的勇氣與計畫？
   （理想與幻想的差異在於前者已是實踐中，後者仍在計畫
   中。）

「我一定會成功的…」

採了金錢樹…

越過時間河…

才發現自己在孤島上。

第 **16** 封信

高中生了沒？

游文聰

聽過、看過，知道了；做過、體驗過了，才會感動。

以好奇探究的心去認識這個世界，

欣賞生命的每一時刻。

別忘了，能夠決定幸福的，

不是別人，而是自己！

從金融海嘯談起

　　這次金融大海嘯對全球的經濟造成非常大的衝擊，有的國家（如冰島）幾乎破產，百年的跨國大公司（如雷曼兄弟、通用汽車），一夕之間，宣布倒閉。大家都在追究原因，因為如果沒有對症下藥，以後還可能再發生類似的災難。英國著名經濟學者與全球化專家，世界經濟論壇（WEF）「明日全球領袖」（Global Leaders of Tomorrow）成員之一的諾瑞娜·赫茲（Noreena Hertz）認為，只重視金錢地位、錢財富裕、虛名品牌，而不重視真實價值的傳統資本主義是這次金融海嘯的罪魁禍首，並稱之為「Gucci 資本主義」，因為愈來愈多證據指出，經濟發展與社會正義的差距正在擴大。她提出唯有以合作為價值，以集體利益為核心，重視分享的「合作資本主義」（Co-op Capitalism）才是未來的出路。赫茲說，行為經濟學研究已經證實樂善好施是人類的天性；合作、分享、

集體利益將是這個年代的最顯明特徵。（《天下雜誌》417 期
pp.26-29）

對一個青年而言，要搞懂資本主義，並不容易，也不是
那麼重要。但應該聽說過 Gucci 名牌包，合作、分享、集體利
益等用語也時有所聞，這些竟然跟這次金融海嘯扯上關係，
很值得我們深思與玩味。

升學與文憑的桎梏

臺灣的社會文化一向重視升學與文憑，學生常被教育成
只要把書讀好，其他的就不要管了。升高中與大學是目前最
大的瓶頸，也因此產生許多教育問題，縱使這幾年大學指考
的錄取率都已高達 95% 以上，7 分就可以上大學，但在迷信
名校的風氣推波助瀾下，學生的升學壓力並沒有減緩。補習
班並沒有減少，升學參考書仍舊暢銷，高中學生留校夜讀的
人數未曾下降，就可以得到印證！因此對許多青年來說，高
中生涯可能都不是很美好的回憶。

然而縱使大學讀了名校或熱門科系，畢業後也不保證可
以覓得好工作，這次失業潮，高科技產業受傷最嚴重。所以
有人怕了，就用延畢躲在校園裡，也有人乾脆「宅」在家中，
成了尼特族。所以只把書讀好，並不能讓自己的人生就從此
過著幸福美滿的日子。

心理學家艾瑞克森（Erik Homburger Erikson）從心理學的

觀點將人類的發展依年齡區分成八個階段，每個階段都有其發展任務與危機，青年正處於風暴期，面臨自我認同的發展任務與角色混淆的危機。在我國因為教育制度與社會文化的誘導，將青年的心力都導引到升學與知識的追求上，反而忽視了人生路上許許多多必然會面臨的議題，如我們為何而活？我們將如何過生活？我們要如何活出精彩的生命等。

生命的莊嚴與豐富

從前面 15 封信的討論中，相信你已體認到人生的內涵何其多元與複雜，必須觀照與學習的層面又豈止升學一項？從「人生三問」開展出一系列議題，每一項都跟你的成長與人生幸福有密切相關。這些生命功課，並不會因為你只是青年就可以豁免不用面對，更不可能「只要讀好書，考上好學校」，從此就過著幸福美滿的日子。升學與文憑無罪，但是，為了升學而扭曲教育的本質，犧牲正常的生活與學習，則是本末倒置，過莫大焉！或是把豐富而莊嚴的人生歷程，只化約成升學與文憑，則是太過天真而不切實際了！

生命教育所探討的議題（如前面 15 封信所探討的），本來就是生而為人者都會面臨的，更是教育的本質所在，所以孫效智教授認為：生命教育其實是教育本質的再復興運動。有鑑於此，教育部在 93 年 8 月發布實行的「普通高級中學課程暫行綱要」（通稱九五暫綱），將生命教育列為選修科目之一，更在預定 99 學年度施行的「普通高級中學課程綱要」

中明確規定，每一高中生在高中三年中，至少必選各一學分的「生命教育」與「生涯規劃」。這看似小小的改變，其實是教育對社會長期呼告的一種深刻反省與回應，這不啻是進步，更是意義深遠的教育改革。

以我個人在高中服務的經驗，多元的學習，開展學子的創意與自信，比拼命加課更能提升學生的學習興趣。用錄取「醫學院幾個，國立大學幾個」更非評量教育成效的唯一指標，讓學生知道自己所為何來，如何活出有義意的人生更為重要！培育「知識與科技菁英」的同時，更應教導這些孩子尊重人性，因為知識是工具，如水如火，善者用以載舟發電，惡者用以覆舟燒殺，工具無知，唯人而異！

從生活中探索生命價值

常有老師會自我介紹說我是教國文的（或數學、英文等），我會建議老師，應該說我們是透過國文科（數學、英文等）教一個個活生生的人，專業科目是工具，「人」才是教育的目的。所以每一位老師都是生命教育老師，扮演傳道、授業、解惑的經師與人師的角色，而不僅是專業知識傳播的教書匠。

但有一個概念必須澄清，雖然只要是老師就必然扮演生命教育老師的角色，但並不是每一個老師都要挪出自己有限的教學時數，進行生命教育的教學，因為術業有專攻，生命教育的專業課程就交給生命教育專科老師教，各學科教師就

專注於自己的專業教學。

　　你一定會認同：以熱忱來引導學生學習，以耐心來陪伴學生面對困逆，用身教、言教做學生的人生典範，就是最好的融入教學。從小至今，在學習成長的過程中，對自己影響深遠、印象深刻的老師，留在我們腦海裡的，大都是老師的言談舉止與殷切的關懷，而不是老師的教學內容。

　　你可能有這樣的經驗：聽過、看過，知道了；做過、體驗過了，才會感動。生命教育有較多的情意教育，除了知識的講授，更須透過教學設計，安排各種體驗活動，親身體驗後再分組討論、分享，會得到許多深刻的觸發，期盼學子能將內心的感動轉化爲具體行動。

掃地、掃地，不掃心地空掃地

　　古人教育子女，要求黎明即起，灑掃庭除，除了養成孩子早起的習慣，更培養勤勞與服務的人生態度。所以打掃工作不僅是勞動服務而已，也是品德教育的一環。日本人鍵山秀三郎即以掃廁所磨練個人心志，更進一步推廣惜福、感恩的理念，因此他所經營的企業日益發達。他在日本成立了「清掃學會」，臺灣統一企業就將這樣理念帶回臺灣，在他們的企業體系內推廣，得到非常好的回應，所以他們更進一步推廣到社會與學校之中。

　　我們認爲這是很好的生命教育體驗課程，尤其在少子化

的現代社會，孩子大多養尊處優，父母甚至認為孩子到學校只需讀書，打掃工作應外包。造成許多年輕人不願意從事打掃工作，態度敷衍，更不知珍惜自己的生活空間，隨意亂丟垃圾。有鑑於此，羅東高中安排新生於始業輔導中，由校長、主任與導師領導參與清掃學習，彎下腰，蹲下身，用雙手，逐一將廁所清掃得煥然一新，藉以培養陳之藩先生在〈哲學家皇帝〉裡所說的：「做卑微的工作，樹高傲的志氣。」更由精密細緻的清掃，培養「凡事徹底」的工作態度，也從清掃外在環境的髒亂，體認更要清掃髒亂的根源：心地──偷懶、自私、缺乏公德心、自大等心靈垃圾。

我們觀察到學生們從最初的抗拒，面帶不悅，但在師長以身作則，認真投入帶領之下，同學們慢慢的也能認真參與，臉部也漸露笑容。每次打掃完之後的分享，都見證到參與同學的突破、成長與服務他人的喜悅。這也是羅東高中新鮮人蛻變為羅高人的必要歷程，也將成為他們生命中的重要回憶。更讓我們理解到，統一企業為什麼是年輕人最想要參與的臺灣十大企業之一。

班級樹──十年樹木

生命教育的學習是終身的課題，孔子是最佳的典範：十五歲志於學，三十而立，四十而不惑，五十而知天命，六十而耳順，七十而從心所欲不踰矩。就如心理學家艾瑞克森的發展理論，每一階段都有其重要發展的任務。我們設計

或參與體驗課程都需要避免趕流行跟著熱潮走的毛病，流於膚淺與無法持續，必須有配套措施，就像人生應日有所進一樣。

在環保與生態保育的普世價值下，各級學校也常發動校園種樹的活動，但種完樹就好像完成了，過一段時間後常因乏人照顧，這些樹就枯死，反而成為負面教育。生命的課程需要永續經營，我們讓班級認養「班級樹」，並設計一本「班級樹護照」，以十年為期，十年樹木，希望每個月都須有觀察與照顧記錄，並將班級樹交接給下一屆學弟妹，將成為學生留在學校的成長見證。

我相信你們對飢餓卅體驗營一定不陌生，除了 30 小時的體驗人飢己飢的胸懷，更期盼能在日常生活中將他化成對弱勢關懷。還有各種具有豐富意涵節慶，如母親節、教師節、聖誕日等，學校都會推出各種體驗課程，更期盼孩子不僅是行禮如儀，也能用心體會，藉此喚醒深埋其中的意義，因為意義來自於詮釋。

溫馨的學習環境潛移默化

我們在媒體上都看過類似報導：小孩子從小被父母親人隔離，沒辦法與外界接觸互動，當孩子被救出來之後，語言溝通、人際互動、心智發展等都受到嚴重斲傷，其中一個重要因素，就是沒有豐富的環境來充實幼小的心靈，造成無法彌補的缺憾。在印度也曾發現小孩被狼群收養，導致其行為

習性完全跟野狼一致。

學校教育過程中，除了老師的身教、言教之外，環境教育最能發揮潛移默化的功效。東坡先生〈廬山東林寺偈〉：「溪聲盡是廣長舌，山色無非清淨身。」校園中的所有建設、裝置，都可以作為生命教育的場所，營造一個充滿溫馨與感動的校園，是建構生命教育學園的必要條件。

以羅東高中為例，因為地處多雨的蘭陽地區，我們利用四通八達的風雨走廊作為「情境布置」的展場，將藝術融入校園環境，讓同學於日常生活習於藝術的薰陶，進而提升其美學素養及鑑賞能力。

每個月辦理「中庭音樂會」，務期絃歌不輟。更藉由「發現校園之美」，培養同學對學校的認同，及展現創意的新眼睛。建構「文學步道」，營造一處可吟、可歌、可詠的心靈休憩站。圖書館成立「蘭陽書坊」、「閱讀李潼」，追懷典型在夙昔。寬敞專業的羅高藝廊，定期不定期辦理「藝展」，提供師生發表平臺，更是藝術素養的最佳培育所。

以好奇心探究人生

這些類似的活動，存在我們的校園周遭，就看你是否願意將你的心靈觸角往外延伸。在日劇「女王的教室」中，阿久津老師有一段精彩的說法，正可作為呼應：

好公司、好學校、好職業、就能保障好人生嗎？學習不是一定要去做的事，而是想做才去做的事。往後你們會遇到許多許多不知道或不能理解的事，會遇到許多覺得很美或是很期待、覺得不可思議的事。那個時候，會想知道更多的事，變成自然想學習的人。沒有好奇心和探究心的人，不算是人類，是比猴子還要低等的！不想了解自己生活的這個世界的人，能說自己會什麼嗎？進了好大學、好公司，不管到了幾歲，如果想學習的話，什麼都能做到。失去了好奇心的那一瞬間，人就像死去一樣。學習並不是為了考試，而是為了要成為優秀的大人。

不管是在學校或離開學校，以好奇探究的心去認識這個世界，好好的活著，欣賞生命的每一時刻，這是決定人生能否幸福的重要態度。別忘了，能夠決定幸福的，不是別人，而是自己！

1. 諾瑞娜 · 赫茲主張以合作為價值，以集體利益為核心，重視分享的「合作資本主義」，對抗只重視金錢地位、錢財富裕、虛名品牌，而不重視真實價值的傳統資本主義。雖然本文礙於篇幅不克詳述赫茲的理論，但仍給我們一些啟迪，是不是該深思「樂善好施、合作、分享、集體利益」的價值？

2. 因為升學、文憑而扭曲教育的本質，犧牲正常的生活與學習，已是普遍現象，你是否深陷此泥淖中？升學的壓迫與理想生活的對峙，在兩難中如何找到平衡點？本書作者的意見不一定適合你，只有你才能找到你的平衡點。

3. 做過、體驗過了，才會感動。生活中有沒有做過、體驗過而令你深深感動的經驗？有多久沒有這樣的感動了？還是已喪失感動的能力？該做的事，就得去做，錯失了，機會可能永遠不再來。

作者群

國立泰山高中教師　　　　　　　　　陳海珊

花蓮縣海星中學輔導組長　　　　　　黃同展

高雄市道明中學教師　　　　　　　　胡敏華

國立師大附中教師　　　　　　　　　周淑梅

臺北市立復興高中教師　　　　　　　劉桂光

台北縣淡江中學教師　　　　　　　　何軒盛

國立羅東高中主任輔導教師　　　　　陳炯堯

花蓮縣海星中學輔導主任　　　　　　劉心儀

國立羅東高中校長　　　　　　　　　林萜萜

新竹市立建功高中校長　　　　　　　林麗雲

國立新竹高中教務主任　　　　　　　李玉美

國立桃園高中教師　　　　　　　　　彭川耘

新生醫護管理專科學校教師　　　　　姚翰玲

臺北市立松山高中教師　　　　　　　徐玉青

國立師大附中教師　　　　　　　　　徐茂瑋

台北市立麗山高中教師　　　　　　　游文聰

生命講堂01

打開生命的16封信

2010年1月初版
2013年12月初版第五刷
2018年8月二版
有著作權‧翻印必究
Printed in Taiwan.

定價：新臺幣350元

著　　　者	孫效智 等	
叢書主編	林　芳　瑜	
特約編輯	倪　汝　枋	
美術設計	劉　亭　麟	
漫　　　畫	Nochi	

出　版　者	聯經出版事業股份有限公司	總編輯	胡　金　倫	
地　　　址	新北市汐止區大同路一段369號1樓	總經理	陳　芝　宇	
編輯部地址	新北市汐止區大同路一段369號1樓	社　長	羅　國　俊	
叢書主編電話	(0 2) 8 6 9 2 5 5 8 8 轉 5 3 1 8	發行人	林　載　爵	
台北聯經書房	台 北 市 新 生 南 路 三 段 9 4 號			
電話	(0 2) 2 3 6 2 0 3 0 8			
台中分公司	台 中 市 北 區 崇 德 路 一 段 1 9 8 號			
暨門市電話	(0 4) 2 2 3 1 2 0 2 3			
郵政劃撥帳戶	第 0 1 0 0 5 5 9 - 3 號			
郵撥電話	(0 2) 2 3 6 2 0 3 0 8			
印　刷　者	文聯彩色製版印刷有限公司			
總　經　銷	聯合發行股份有限公司			
發　行　所	新北市新店區寶橋路235巷6弄6號2F			
電話	(0 2) 2 9 1 7 8 0 2 2			

行政院新聞局出版事業登記證局版臺業字第0130號

本書如有缺頁，破損，倒裝請寄回台北聯經書房更換。　　ISBN　978-957-08-5166-3 (平裝)
聯經網址 http://www.linkingbooks.com.tw
電子信箱 e-mail:linking@udngroup.com

企劃：社團法人台灣生命教育學會、臺灣大學生命教育研發育成中心
作者：孫效智、陳海珊、黃同展、胡敏華、周淑梅、劉桂光、何軒盛、陳炯堯、劉心儀、
　　　林莉莉、林麗雲、李玉美、彭川耘、姚翰玲、徐玉青、徐茂瑋、游文聰

國家圖書館出版品預行編目資料

打開生命的16封信 / 孫效智等著 . 二版 . 新北市 .
聯經 . 2018.08 . 216面 . 14.8×21公分 . (生命講堂；01)
ISBN　978-957-08-5166-3 (平裝)
[2018年8月二版]

1.生命教育　2.文集

528.5907　　　　　　　　　　　　107013429